W0317518

Rüdiger Humpert / Uli Weyland

DAS JAHR IM BILD 1971

CARLSEN VERLAG GMBH · REINBEK BEI HAMBURG

DAS JAHR IM BILD 1971 wurde am 31. Oktober redaktionell abgeschlossen. Die Monate November und Dezember erfaßt das nächste Jahrbuch. DAS JAHR IM BILD erscheint seit 1959. Dies ist der 13. Band der Reihe.

Copyright © 1971 by Carlsen Verlag GmbH, Reinek bei Hamburg

Gesamtherstellung: Gerhard Stalling AG, Oldenburg · 441171

ISBN 3 551 45071 4

Wozu ein Foto-Jahrbuch wie dieses mit einer Einleitung versehen – wo doch angeblich Bilder mehr sagen als tausend Worte. Also stellen wir ein Foto voran. Es paßt durchaus in dieses Buch; auf Seite 38 zum Beispiel ist eine ganz ähnliche Situation abgebildet. Aber dieses Bild stammt aus einer Zeit, als es noch kein »Jahr im Bild« gab. Ein unbekannter Fotograf hat es vor hundert Jahren aufgenommen. Ein Beleg für die These, daß sich kaum etwas verändert? Flüchtiges Blättern durch die folgenden Seiten könnte diesen Eindruck bestätigen: 1971 stellt sich dar wie viele andere Jahre: Bilder von Katastrophen, Krisen und Kuriositäten. Hier gilt – und nicht nur hier – daß das Objektiv der Kamera nicht unbedingt objektiv ist. Dramatisches, Augenfälliges ist leichter abzubilden. Schwieriger im Bild festzuhalten sind Strömungen, Entwicklungen, der sogenannte »Zeitgeist«.
Die Sexwelle flaute ab, Romantik wurde wieder modern, eine »Liebesgeschichte« wurde Welt-Bestseller. Viel geredet, aber auch diskutiert wurde über Demokratisierung, Emanzipation, Manipulation. Umweltschutz wurde in aller Welt als ernstes Problem erkannt. In Amerika stoppte der Kongreß den Bau eines Überschall-Verkehrsflugzeuges, weil es gravierende Folgen für Mensch und Natur haben würde. Bei uns forderte eine linke Zeitschrift, die früher die Freuden des Haschkonsums geschildert hatte, dazu auf, gemeinsam mit der Polizei gegen die Drogensucht zu kämpfen. Unter jungen Leuten wurde Jesus modern; amerikanische Popsänger sangen: »Gib deine Hand in die Hand des Mannes aus Galiläa.« – Im übrigen gab es 1971 viel Alltägliches; aber das ist nicht optisch reizvoll. Genug der Worte. Die Bilder sollen erzählen.

Vor mehr als 100 Journalisten haben die Botschafter der vier Siegermächte am 3. September 1971 ein Abkommen über Berlin unterzeichnet. »Ende gut, alles gut!« rief der sowjetische Botschafter in Ostberlin, Pjotr Abrassimow, als er nach dem Ende der Verhandlungen das Gebäude des ehemaligen Alliierten Kontrollrates in Berlin-Schöneberg verließ. 1954 war dort ein Versuch der Außenminister der vier Mächte, sich über Deutschland zu einigen, gescheitert.

Nach drei schweren Bedrohungen der Existenz West-Berlins – Blockade 1948, Chruschtschow-Ultimatum 1958, Bau der Mauer 1961 – und vielen Krisen scheinen die Spannungen in und um Berlin jetzt beseitigt. Dies sind die wichtigsten Ergebnisse der 18monatigen Verhandlungen: Die Bindung West-Berlins an die Bundesrepublik wird anerkannt; West-Berlin ist jedoch kein Bundesland. Die Bundesrepublik übernimmt die außenpolitische Vertretung West-Berlins. Die Sowjetunion richtet in West-Berlin ein Generalkonsulat ein. Die DDR-Grenzbehörden kontrollieren im Transitverkehr zwischen der Bundesrepublik und West-Berlin nur noch die Papiere. Über die Modalitäten, besonders im Transitverkehr, müssen sich die Deutschen untereinander einigen. Erst danach kann das Abkommen in Kraft treten.

Der junge Mann, der hier in Handschellen die Finger der rechten Hand zum W, dem Zeichen der »Aktion Widerstand«, spreizt, heißt Ekkehard Weil, ist 21, Hilfspfleger am Berliner Virchow-Krankenhaus. Ein Vorgesetzter bezeichnete ihn als »versponnenen Eigenbrötler«. — In der Nacht zum 7. November, dem 53. Jahrestag der russischen Oktoberrevolution, wollte er Geschichte machen. Er fuhr mit dem Fahrrad zur »Straße des 17. Juni«. Gegen Mitternacht nahm er sein Kleinkalibergewehr aus dem Seesack und schoß auf Iwan Iwanowitsch Schtscherbak, 20, Bauernsohn aus der Ukraine, der nahe dem Reichstagsgebäude und der Mauer am stacheldrahtumzäunten sowjetischen Ehrenmal Dienst tat. 42 Stunden später wurde Weil gefaßt; er gestand und bezeichnete sich als Überzeugungstäter: Er habe »einen in naher Zukunft zu ratifizierenden Vertrag zwischen der Bundesrepublik und der Sowjetunion« verhindern wollen. Zehn Tage später löst er die aufwendigste Großfahndung der Berliner Polizeigeschichte aus: in Berlin-Tempelhof läuft er einem kurz vor der Pensionierung stehenden Polizisten davon. Der Beamte hatte den Untersuchungshäftling zum Verhör bringen sollen. Handschellen hatte er ihm nicht angelegt, sich selbst keine Pistole eingesteckt. Berlins Polizeipräsident bot seinen Rücktritt an. Ost-Berlins Sowjetbotschafter polemisierte während der alliierten Botschaftergespräche über Berlin eine Stunde lang gegen die »Unsicherheit in West-Berlin«. Die Botschaftergespräche gingen weiter. Der Innensenator bat den Polizeipräsidenten, im Amt zu bleiben. Iwan Schtscherbak tat bald wieder Dienst am sowjetischen Ehrenmal im britischen Sektor von Berlin. Ekkehard Weil wurde von einem Zivilgericht der britischen Militärregierung zu sechs Jahren Gefängnis verurteilt. — In der Würzburger Frankenhalle sah man viertausend rechte Arme erhoben. Auf dieser ersten Großkundgebung der erst vor kurzem in München gegründeten »Aktion Widerstand« tönte es national. Laut wurde es, wenn auf Willy Brandt die Rede kam. Zwischenrufer unterbrachen mit »Hängt ihn auf« oder »Brandt an die Wand«. Von »Feinden und Zerstörern im Innern« war die Rede, zum »Widerstand gegen die Bonner Verzichtpolitik« wurde aufgerufen. Die Rufer waren zumeist »alte Kämpfer«.

Ein »Bayerisches Bauerntheater« (so Will Rasner) machte Schlagzeilen. Man sprach vom größten politischen Skandal der Bundesrepublik. Im Mittelpunkt Karl Geldner, Bäckermeister aus Mittelfranken. Am 13. November, eine Woche vor den Landtagswahlen in Bayern, bat die CSU Nürnberg zu einer Pressekonferenz. CSU-Landesgruppenchef Stücklen verkündete: »Der FDP-Bundestagsabgeordnete Karl Geldner ist aus seiner Partei ausgetreten. Er hat gleichzeitig bei der CSU-Landesgruppe einen Mitgliedsantrag gestellt.« Eine halbe Stunde später hörten die erstaunten Journalisten vom FDP-Fraktionsvorsitzenden Mischnick: »Geldner ist und bleibt Mitglied unserer Partei und Fraktion.« — Angefangen hatte die politische Posse im Juni. Damals seien — so Geldner — Werber der National-Liberalen Aktion (NLA) an ihn herangetreten, um ihn für einen 400 000-Mark-Beratervertrag zum Austritt aus der FDP zu bewegen. Das habe er seiner Fraktion gemeldet und beschlossen, »ein Exempel zu statuieren«. Zwei Tage vor der Hessen-Wahl, am 6. November, schien die Gelegenheit günstig. Als erneut ein NLA-Angebot kam, unterschrieb Geldner. Zum Schein, wie er sagt. Die Verhandlungen zogen sich hin. CSU-Chef Strauß garantierte dem politischen Überläufer schriftlich ein CSU-Bundestagsmandat bis zum Ende der siebziger Jahre. Am 13. November wollte die CSU öffentlich frohlocken. Nach dem Eklat triumphierte Geldner: »Dieser 13. November sollte der Schwarze Freitag der Union werden.« Nun frohlockte das Regierungslager: der Beweis sei gelungen, daß die rechte Opposition dabei sei, die Bonner Regierungskoalition mit allen Mitteln zu schwächen. Zeitungen schrieben, mit dem Handel um den fränkischen Hinterbänkler sei der Demokratie dieses Landes großer Schaden zugefügt worden. Die Wahlen in Bayern endeten mit Gewinnen für CSU und FDP, Einbußen für die SPD: CSU 56,4 % (1966: 48,1 %), SPD 33,3 % (35,8 %), FDP 5,5 % (5,1 %), NPD 2,9 % (7,4 %). In Hessen hatte die SPD 14 Tage zuvor ihre absolute Mehrheit verloren. Auch hier ist die NPD nicht mehr im Landtag vertreten: SPD 45,9 % (51 %), CDU 39,7 % (26,4 %), FDP 10,1 % (10,4 %), NPD 3 % (7,9 %).

Anzeige
Das geht ins Auge
Fernsehen ohne Licht.
Deshalb: OSRAM

Sonnabend, 14. Nov. 1970 - 20 Pf
Nr. 266 • BERLIN-AUSGABE • C 8534 A

Bild
BERLIN
UNABHÄNGIG · ÜBERPARTEILICH

„Politisches Ganovenstück" meint Stücklen

„Notwehr" meint Wehner

Ist dieser FDP-Abgeordnete 400000 Mark wert?

Weiter FDP-Abgeordneter: Bäckermeister Karl Geldner

- Er sagt: Die CSU wollte mich abwerben
- Er sagt: Den 400000-Mark-Vertrag unterschrieb ich nur zum Schein
- Seine Frau sagt: Lieber gehe ich ein Leben lang putzen
- Seine Frau sagt: Nicht für Hunderttausende ändern wir unsere Gesinnung!
- Die CSU sagt: Er kam freiwillig zu uns. Wir haben kein Geld geboten

Attentäter Weil kommt vor ein britisches Gericht
Lesen Sie den Bericht auf Seite 2

Das Gesetz

Krankenkasse: Weniger Geld für mehr

Die größte Sturmflut des Jahrhunderts hat das Ganges-Delta in ein Leichenfeld verwandelt. In neun Stunden ertranken mehr als 200 000 Menschen an Ostpakistans Bengalenküste, die »Allee der Zyklone« genannt wird. Die Sintflut überraschte die 2 Millionen Einwohner des 7000 Quadratkilometer großen Katastrophengebietes im Schlaf. Die Flutwelle war 6–8 Meter hoch, ein Orkan peitschte sie mit 240 Kilometern pro Stunde über das flache Schwemmland. Mehr als 200 kleinere Inseln verschwanden im Meer. Noch 100 Kilometer landeinwärts richteten die Schlammassen Verwüstungen an. Die Zahl der Toten konnte nur geschätzt werden. Die Davongekommenen blieben nicht verschont: Trinkwasser gab es nicht mehr. Das Salzwasser der Flut hatte Brunnen und Zisternen gefüllt. Die Reisvorräte waren verdorben. In den Tümpeln und Flußarmen trieben aufgedunsene Leichen. Typhus und Cholera breiteten sich aus.

Der Appell an die reichen Nationen setzte eine weltweite Hilfsaktion in Bewegung. Bereits zwei Tage nach der Katastrophe flogen die deutsche Luftwaffe und die Royal Air Force Medikamente, Decken und Zelte in das Ganges-Delta, über dem der Pesthauch der Verwesung lag. Kinderkleidung sei nicht nötig, hatten die Rettungsmannschaften gefunkt, »sie sind alle ertrunken, es gibt keine Kinder mehr«.

Während der Schah von Persien seine Militärflieger in den Dienst der Humanität stellt, Indira Gandhi die Feindschaft zwischen den Bruderstaaten Indien und Pakistan für eine Weile vergißt und 250 000 Mark überweist, Chinas Mao Tse-tung einen Barscheck über fünf Millionen Mark schickt, verschließt die Zentralregierung in der 2000 Kilometer entfernten Hauptstadt Islamabad die Augen vor den Folgen der Vernichtung. Eine Woche nach der Flutnacht ist noch immer nicht der Notstand für Bengalen ausgerufen. Die Soldaten von Pakistans Militärpräsident Yahya Khan stellen nur einen einzigen ihrer 50 Armeehubschrauber ab. Weil das Katastrophengebiet nur per Schiff oder Hubschrauber erreichbar ist, stauen sich die internationalen Hilfsgüter auf den Flugplätzen von Dakka und Tschittagong. Bis amerikanische Transporthubschrauber aus den USA und britische aus Singapur eingeflogen und montiert sind, gehen weitere zehntausend Bengalen zugrunde. In Dakka, der Provinzhauptstadt, zuckt man die Schultern. Immer schon wurde Ostpakistan, der von Indien umschlossene und fast 1500 km von Westpakistan entfernte Landesteil, stiefmütterlich behandelt. Mit 140 Mark haben die Bengalen das geringste durchschnittliche Jahreseinkommen der Welt. Während sich die Zentralregierung noch immer mit Indien um Kaschmir streitet, wäre eine Einigung mit Indien über die Regulierung der großen Ströme für die Ostpakistaner lebenswichtig. Seit einer großen Flutwelle, die 1876 das Land verwüstete, hat sich wenig geändert. Auch nach einer zweimaligen Flut im Jahr 1960, die 16 000 Tote forderte, wurde kein Deich gebaut, sondern nur ein unzureichendes Warnnetz installiert. In der Sintflutnacht des November 1970 hat es versagt.

144 junge Menschen tanzten in den Tod. Nur 30 entkamen den Flammen im Tanzklub »5–7« im französischen Alpendorf St. Laurent du Pont bei Grenoble. Ein weggeworfenes Streichholz entzündete in Sekundenschnelle die Plastikdekorationen, die nicht den Sicherheitsvorschriften entsprachen. Quadratmetergroße Stücke stürzten brennend auf die jungen Leute. In ihrer Todesangst drängten sie zum Haupteingang. Dort machte ein Drehkreuz aus Metall den Saal zur Falle. Die Notausgänge waren versperrt, einer mit Dekorationsbrettern vernagelt, der zweite hinter einer Stoffbespannung verborgen und abgeschlossen, den dritten kannte offenbar nur der Barkeeper. Der Direktor der Sicherheitsbehörde: »Wir hatten keine Ahnung, daß der Klub schon seit Ostern in Betrieb war.« Von ihren Kindern sahen die Eltern nur ein Schlüsselbund, eine Brille, eine Uhr, Schuhreste oder einen Ring wieder. Die Särge blieben verschlossen – ihr Inhalt war zu grauenvoll. Bald reichte der Platz im Rathaus für die Särge nicht mehr. So wurde die Turnhalle des Gymnasiums zur Totenhalle.

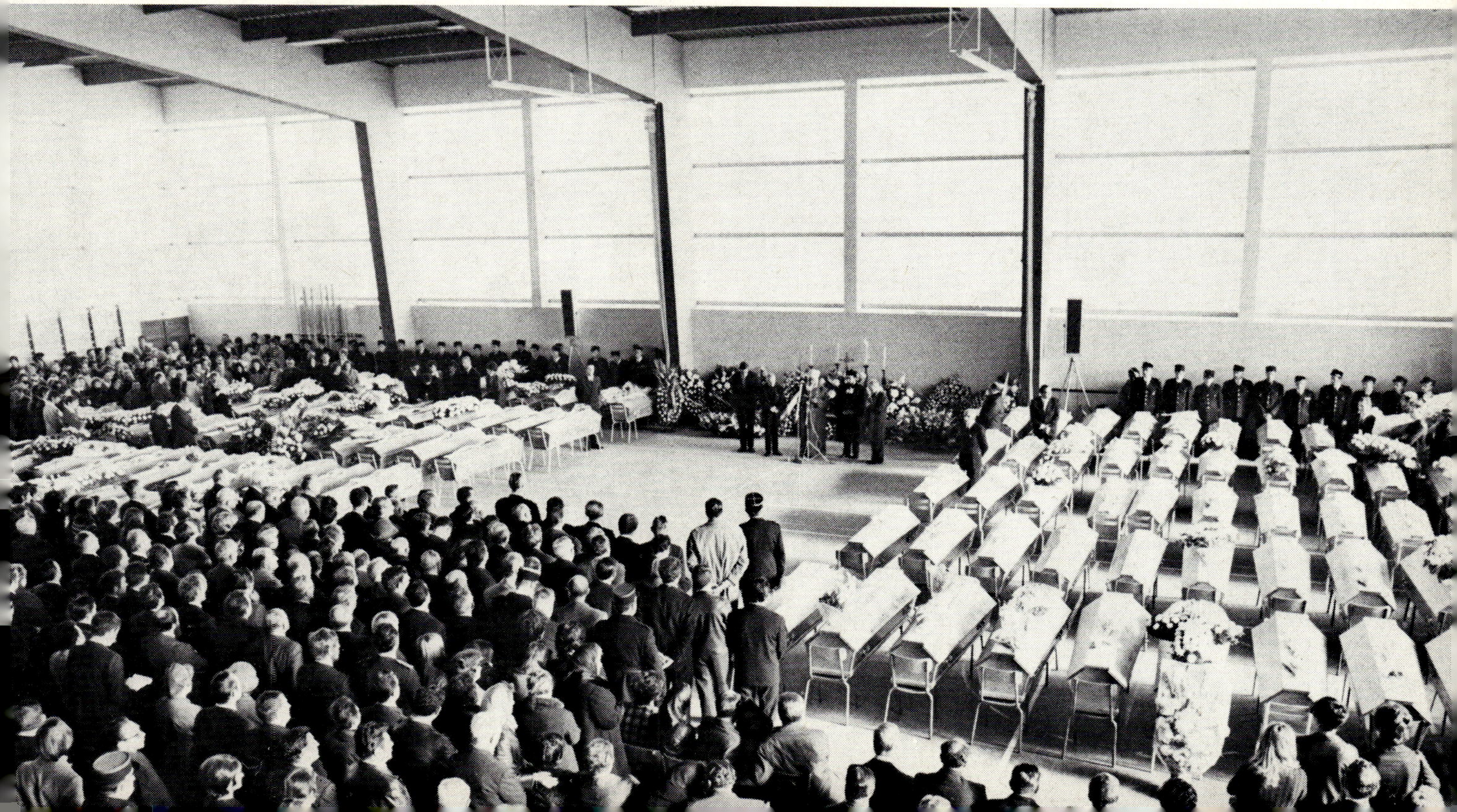

»Ich will kein Staatsbegräbnis, keinen Präsidenten, keine Parlamentsabordnung, keine Minister, keine Regierungsvertreter. Nur die Streitkräfte mögen vertreten sein. Weder in der Kirche noch sonstwo sollen Reden gehalten werden«, so hatte es de Gaulle schon am 16. Januar 1952 bestimmt – zu einer Zeit, als er noch nicht damit rechnen konnte, daß Präsidenten und Minister aus aller Welt zu seiner Totenfeier strömen würden: 38 Staatsoberhäupter und 2300 Repräsentanten aus aller Welt – mehr als bei der Beerdigung von Kennedy und Churchill, Adenauer und Nasser – kamen, um in der gotischen Kathedrale Notre Dame de Paris das offizielle Requiem zu feiern – ohne den Toten. In seinem Letzten Willen hatte de Gaulle erlaubt: »Die Männer und Frauen Frankreichs und anderer Länder mögen, wenn sie dies wünschen, meinem Andenken die letzte Ehre erweisen, meinen Leichnam zur letzten Ruhe begleiten. Ich will nur Schweigen an meinem Grab und keine lauten Tränen.« 40 000 kamen und fünfhundert Millionen Fernseher in aller Welt sahen zu.

»General de Gaulle ist tot. Frankreich ist verwitwet.« Mit diesen Worten gab Staatspräsident Georges Pompidou den Tod seines Vorgängers bekannt. Am Nachmittag des 9. November, 13 Tage vor seinem 80. Geburtstag, 18 Monate nach seinem Rücktritt, war der große alte Mann der europäischen Politik im Park seines Landsitzes im Champagne-Dorf Colombey-les-deux-Eglises spazierengegangen, hatte anschließend am zweiten Band seiner Memoiren gearbeitet und danach beim Legen einer Patience auf die Fernseh-Nachrichtensendung gewartet. Um Viertel nach sieben bekam er einen Herzanfall. Um halb acht war Brigadegeneral Charles André Joseph Maria de Gaulle tot. Sosehr Frankreichs Ex-Präsident zu seinen Lebzeiten die große Geste, den protokollarischen Aufwand geliebt hatte, sich selbst wollte er in fast provozierender Schlichtheit verabschiedet wissen. Nicht unter der vergoldeten Kuppel des Invalidendoms, wo Frankreichs größte Generäle liegen, nicht in Paris wollte er beerdigt werden, sondern in der 250 Kilometer entfernten 400-Einwohner-Gemeinde Colombey-les-deux-Eglises.

Januar 1943: General de Gaulle trifft in Casablanca mit US-Präsident Roosevelt und dem britischen Premierminister Churchill zusammen, um die gemeinsame Kriegführung zu besprechen. In dieser Zeit wurde de Gaulle zum Symbol Frankreichs. Mit 49 Jahren hatte er als Oberst den Ausbruch des 2. Weltkriegs erlebt. Als deutsche Truppen Frankreich besetzten, flüchtete er nach London. In einer historischen Rede appellierte er über den Rundfunk an die Franzosen: »Frankreich hat eine Schlacht verloren, aber nicht den Krieg.« Als Chef des Nationalkomitees »Freies Frankreich« lenkte er den Widerstand gegen Hitlers Armee in seiner Heimat. 1942 ging er nach Nordafrika und bildete dort eine Exil-Regierung. Am 25. August 1944 marschierte er an der Spitze amerikanischer Truppen, von seinen Landsleuten bejubelt, durch den Arc de Triomphe. Bis 1946 war er Staatsoberhaupt und Regierungschef, zog sich dann nach Colombey zurück und übernahm 1958, nach dem Putsch in Algerien, erneut die Regierungsgeschäfte. Mit Adenauer zusammen betrieb er die Aussöhnung mit Deutschland. 1962 Besuch der Bundesrepublik: Im Ludwigsburger Schloß ruft er Jugendlichen auf deutsch zu: »Ich beglückwünsche Sie, Kinder eines großen Volkes zu sein!« Am 22. Januar 1963 küßt de Gaulle Adenauer auf beide Wangen und besiegelt damit den deutsch-französischen Freundschaftsvertrag. — De Gaulle war ein großer Europäer, doch sein Nationalismus, seine Vision vom »Europa der Vaterländer«, sein Traum von Frankreichs »Gloire«, von der »Grande Nation«, bremsten die politische Einigung Europas. Am 28. April 1969 verlor er die Volksabstimmung über die regionale Neugliederung Frankreichs.

In Tokio heirateten Noburo Kikuchi (27) und Tokuko Ichimura (24). Zur Hochzeitszeremonie trug der Bräutigam Bart und Brille, die Braut einen Strauß aus gelben und roten Rosen.

Yukio Mishima, einer der berühmtesten und erfolgreichsten Schriftsteller des heutigen Japans, Nobelpreis-Kandidat, starb wie seine literarischen Figuren: Sie lieben Sadismus und Ritual, und sie lieben die Samurai, jenen vor hundert Jahren aufgelösten mittelalterlichen Kriegerstand. In der selbstinszenierten Verfilmung seiner Novelle »Patriotismus« hatte der 45jährige Autor das Harakiri eines Samurai gespielt. Am Morgen des 25. Dezember machte er Ernst. Mit vier Getreuen aus seiner 100-Mann-Privatarmee »tate no kai« (Schild-Bund) stürmte er das Hauptquartier der Ostarmee in Tokio, kidnappte einen General, ließ die 2000 Soldaten antreten, hielt eine flammende Rede gegen Verweichlichung, Korruption, Intellektualismus und Friedensschwärmerei, forderte nationale Wiedergeburt und Besinnung auf alte Kriegertraditionen, rief schließlich zum Staatsstreich auf. Die Soldaten buhten ihn aus. Letzte Worte des Literaten: »Diese Forderungen muß ich mit meinem Tode unterstreichen. Lang lebe der Tenno!« Er ging ins Zimmer des Generals, beging Harakiri und ließ sich von einem Mitstreiter den Kopf abschlagen.

Im herbstlichen London stapelte sich in den Straßen und Parks der Müll. Nach sechswöchigem Streik der Müllmänner und Stadtreiniger waren die Müllberge in der Achtmillionenstadt bis zu drei Meter hoch, etwa 250 000 Tonnen Müll lagen herum. Die Ratten vermehrten sich zusehends, denn auch die Kammerjäger streikten. Daß eine Seuche verhindert wurde, sei nur der kalten Witterung zu verdanken, meinte Innenminister Maudling. Wenn die Männer der Müllabfuhr wieder an die Arbeit gehen, erhalten sie 21,70 Mark mehr Lohn pro Woche. Der Unrat, den sie beseitigen müssen, würde einen Güterzug von 150 km Länge füllen — das ist ungefähr die Strecke Hamburg—Hannover.

80 000 Zuschauer im Stadion von Shanghai riefen im Sprechchor: »Sei entschlossen, fürchte kein Opfer und überwinde jede Schwierigkeit, um den Sieg zu erringen.« Beflügelt von diesen Worten des Vorsitzenden Mao übersprang Ni Tschin-tschin die Latte. Sie lag auf 2,29 m. Das bedeutete Weltrekord und zugleich Sieg über den Sowjetsportler Valerij Brumel, der seit sieben Jahren mit 2,28 m den Hochsprung-Weltrekord hielt. Doch der 28jährige Student aus Peking wird nicht in die Liste der Weltbesten aufgenommen werden, denn die Volksrepublik China ist nicht Mitglied des Internationalen Leichtathletik-Verbandes (IAF), der Weltrekorde bestätigen muß.

Der Heilige Vater reiste nach Asien und Australien. Im November und Dezember besuchte er Dakka in Pakistan, Manila auf den Philippinen, Pago Pago auf Samoa, Sydney in Australien, Djakarta in Indonesien, Hongkong, Colombo in Ceylon. Bei der Abreise von Rom berief er sich auf die Apostel Petrus und Paulus: »Menschenfischer und Missionar« wollte er sein. Ein dramatischer Zwischenfall ereignete sich in Manila: Im geliehenen Priesterrock schlich sich der bolivianische Maler Benjamin Mendoza y Amor auf dem Flughafen an den Papst heran und versuchte, ihn mit einem malaiischen Kris zu töten. Nur der Mut seines Privatsekretärs Monsignore Pasquale Macchi rettete Paul VI. das Leben.

Lillian Board, 22, mehrfache Europameisterin und Weltrekordlerin, kam Anfang November nach Deutschland. Sie erhoffte sich Heilung in der Krebsklinik von Dr. Issels. Briten hatten 180 000 Mark für ihre Behandlung (Kosten: 1000 DM pro Woche) gesammelt. Frühestens in fünfeinhalb Jahren könne sie wieder Sport treiben, meinte der umstrittene Arzt in einem Interview. Mitte Dezember gab er zu: »Ich fürchte, wir stehen auf verlorenem Posten.« Am 2. Weihnachtstag starb Lillian Board.

Abi und Esther Ofarim flogen nach Wien. Sie lächeln für die Fotografen. Wenig später werden sie nach 12jähriger Ehe vom Wiener Oberrabbiner geschieden. Auch singen wollen sie nicht mehr gemeinsam.

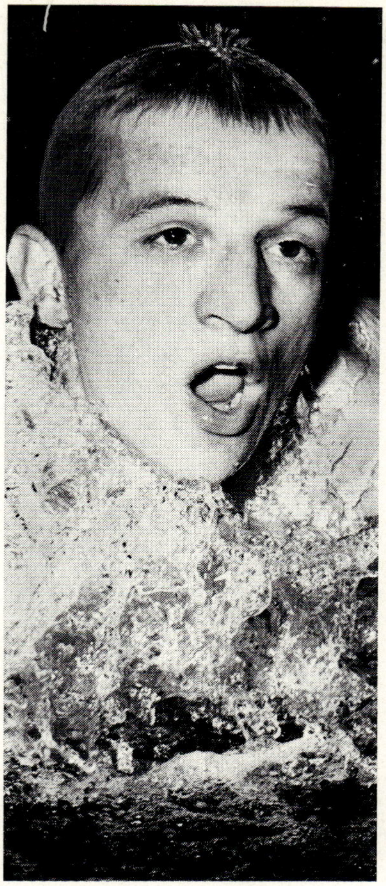

Die »Sportler des Jahres«, gewählt durch eine Umfrage unter den bundesdeutschen Sportjournalisten, wurden im Kurhaus von Baden-Baden gefeiert. Der Erste der Herren — er war es zum zweiten Mal — war allerdings nicht anwesend: Hans Faßnacht aus Mannheim, Europameister über 200 m, 1500 m und 4×200 m Brustschwimmen, mußte für seine amerikanische Universität starten. Sportlerin Nr. 1: Heide Rosendahl aus Leverkusen, mit 6,84 m Weitsprung-Weltrekordlerin. In Mexiko war sie Favoritin im Fünfkampf gewesen, hatte aber nicht starten können. Die Goldmedaille hatte sich damals Ingrid Mickler-Becker geholt, die in Baden-Baden Zweite wurde. Zur »Mannschaft des Jahres« wurde die Fußball-Nationalmannschaft gewählt, Dritte bei den Fußball-Weltmeisterschaften in Mexiko.

In Stettin (Szczecin) brennt die Parteizentrale, in den Straßen fahren Panzer auf. Diese Fotos wurden von schwedischen Journalisten in den Westen geschmuggelt. Das Bild rechts oben von der Plünderung eines Textilgeschäftes in Danzig (Gdansk) gehört zu den wenigen, die von der polnischen Agentur CAF verbreitet wurden. Es zeigte auch, wie das offizielle Polen die Unruhen in den Küstenstädten interpretiert sehen wollte. Ähnlich klang es im Rundfunk: »Strolche und aufrührerische Elemente haben die öffentliche Ordnung gestört.« Was tatsächlich geschah und wie es zum Aufruhr kam, erfuhr das Ausland nach dramatischen, aber nur bruchstückhaften Augenzeugenberichten skandinavischer Journalisten erst später. Am 13. Dezember schickten Danziger Werftarbeiter eine Delegation zur Parteileitung, um gegen Preiserhöhungen zu protestieren, die am folgenden Montag in Kraft treten sollten: Verteuerung der Grundnahrungsmittel um fast 20 %. Fleisch sollte — kurz vor Weihnachten — 17 % mehr kosten. Auch Kohlen sollten teurer werden, um 20 %. Die Delegation wurde verhaftet. Dagegen protestierten am nächsten Morgen tausend Kollegen. Sie marschierten direkt von der Werft zum Parteihaus, sangen die Internationale und das Lied der Volksgarde aus dem 2. Weltkrieg: »Für Hunger, Blut und Tränen ist die Stunde der Rache gekommen.« Am Dienstag streikten alle Werftbetriebe im Danziger Hafen und die meisten Fabriken in der Stadt. In den benachbarten Hafenstädten Gdingen und Zoppot, aber auch in Stettin riefen die Arbeiter zum Sympathiestreik auf. Arbeiter-Komitees wurden gewählt. Sie stellten eine Miliz auf und schlossen sich zum Arbeiterrat zusammen, der mit Werftleitung und Parteiführung verhandeln sollte. Die Forderungen: Anerkennung der Streikkomitees, Bestrafung der Verantwortlichen für die Wirtschaftsmisere, Lohnerhöhungen und Zurücknahme der Preiserhöhungen. Auch diese Delegierten wurden verhaftet. Als Arbeiter die Parteihäuser in Danzig und Stettin stürmten, kamen Panzer. Wenn auch der Aufstand ähnlich begann wie 1953 in Bitterfeld und Ost-Berlin, er endete nicht wie dort und wie 1956 in Budapest und 1968 in Prag mit sowjetischen Panzern. In Warschau suchte man die Schuldigen nicht im Ausland bei den Imperialisten, sondern in der »Polnischen Vereinigten Arbeiterpartei«. Nach einer Sondersitzung des ZK legte Wladyslaw Gomulka »im Zusammenhang mit einer schweren Erkrankung« seint Amt als KP-Chef nieder. Sein Nachfolger Edward Gierek entließ hohe Funktionäre und versprach Erfüllung der Arbeiterforderungen.

Willy Brandt kniet am Denkmal des Warschauer Gettos. Hier wurde vor 26 Jahren das jüdische Stadtviertel von Deutschen in Schutt und Asche gelegt. Mehr als eine halbe Million Menschen wurde damals getötet. Willy Brandt kam — eine Woche vor den Unruhen in Polen — nach Warschau, um den deutsch-polnischen Vertrag zu unterzeichnen. Am Vorabend hatte er sich in einer Fernsehansprache an seine Mitbürger gewandt: »Der Vertrag von Warschau will einen Schlußstrich ziehen unter Leiden und Opfer einer bösen Vergangenheit. Er soll eine Brücke schlagen zwischen beiden Staaten und den beiden Völkern.« Das Bild des knienden Kanzlers — fast alle Zeitungen in der Bundesrepublik hatten es abgedruckt — spaltete nicht nur die Stammtische in der Heimat. Sofort war auch eine Umfrage zur Hand: 41 % der Bundesbürger emp-

fanden Brandts Verhalten als »angemessen«, 48 % hielten es für »übertrieben«, 11 % hatten keine Meinung. Die politischen Gegner des Bundeskanzlers versuchten, seinen Kniefall in einen Sündenfall umzumünzen. Franz Josef Strauß fragte sich öffentlich, wie Bundeskanzler Adenauer sich »in einer derartigen Situation verhalten haben würde«. Der Vizepräsident des Bundes der Vertriebenen, Friedrich Walter, war »außerordentlich unangenehm berührt«. Denn »nach christlich-abendländischen Vorstellungen kniet der Mensch nur vor Gott. Um so mehr widerstrebt es mir, daß der Bundeskanzler — und gerade er — vor einem Mahnmal in Warschau kniete.«

Nach 23 Tagen Ungewißheit konnte am 1. Weihnachtsfeiertag Bonifacia Beihl ihren Mann, den Wahlkonsul der Bundesrepublik im nordspanischen Seebad San Sebastian, in die Arme schließen. Mitglieder einer Splittergruppe der Baskischen Untergrundorganisation ETA hatten Eugen Beihl entführt. Am Heiligen Abend übergaben sie ihn dem Pariser Korrespondenten des Zweiten Deutschen Fernsehens, Albert Gaum. Hintergrund der Entführung: Seit Anfang Dezember standen Angehörige der baskischen Separatistenbewegung in Burgos vor einem Militärgericht. Beihl sollte als Geisel gegen die erwarteten Todesurteile dienen. Bundespräsident Heinemann schrieb an Generalissimus Franco. Am 30. Dezember hob Spaniens Staatschef die Todesurteile auf.
Die Entführung von Konsul Beihl war das erste Diplomaten-Kidnapping in Europa nach lateinamerikanischem Muster. Seit der Verschleppung des US-Botschafters in Guatemala, John Gordon Mein, im August 1968, wurden zehn Missionsangehörige in Südamerika verschleppt. Mein und zwei seiner Kollegen, darunter der deutsche Botschafter in Guatemala, Karl Graf von Spreti, wurden ermordet. Am 5. Oktober 1970 wurde erstmals ein Diplomat in Nordamerika entführt. Mitglieder der frankokanadischen Befreiungsfront für Quebec (FLQ) kidnappten James Cross, den britischen Handelsattaché in Montreal. Er selbst wies der Polizei den Weg zu seinem Aufenthaltsort: In einem Brief beklagte er sein Los als »Prisonner« (Gefangener) entgegen den Regeln der Rechtschreibung mit Doppel-n. Montreals Kriminalisten verstanden dies als Hinweis auf den Norden der Stadt. Als Polizei und Militär das Versteck der Entführer umstellten, drohten die Separatisten, sich mit Cross in die Luft zu sprengen. Später waren sie verhandlungsbereit. Gegen freies Geleit nach Cuba wollten sie ihre Geisel freilassen. Kanadas Premier Trudeau stimmte zu, die Entführer entkamen. Nach 59 Tagen konnte James Cross Frau und Tochter wieder umarmen (Bild unten). Um den Druck zu verstärken, hatte die FLQ fünf Tage nach Cross auch den Arbeitsminister der Provinz Quebec, Pierre Laporte, gekidnappt. Die Regierung lehnte Verhandlungen ab. Laporte wurde ermordet.

Mit Geduldspielen vertreiben sich Pkw- und Lkw-Fahrer auf der Interzonenautobahn Helmstedt—Berlin die Wartezeiten. Berlin war wieder einmal zum Zankapfel geworden. Eine Sitzung der CDU/CSU - Bundestagsfraktion in West-Berlin war für die Behörden der DDR Anlaß, die Ampeln auf Rot stellen zu lassen. Ein Fahrer aus Lauenburg brauchte für die 290 km lange Strecke Hamburg—Berlin 17 Stunden. Berlins Regierender Bürgermeister appellierte an die zur gleichen Zeit im Schloß Niederschönhausen tagende Warschauer-Pakt-Prominenz: »Helfen Sie mit, und schaffen Sie die Voraussetzungen dafür, daß endlich Regelungen der Vernunft für Berlin und seine Zugangswege gefunden werden!«
Als zwei Wochen später SPD-Fraktionsvorsitzende aus Bund und Ländern in Berlin tagen, das gleiche Spiel: Wartezeiten an den Grenzkontrollstellen bis zu neun Stunden.
Zur gleichen Zeit fährt Staatssekretär Egon Bahr vom Bundeskanzleramt zum zweitenmal nach Ost-Berlin, um mit DDR-Staatssekretär Dr. Michael Kohl über Erleichterungen im geteilten Deutschland zu sprechen.

Ob er sich von der Werbung einer Automobilfirma verführen ließ, die behauptet, nur Fliegen sei schöner? Oder ob er der griechischen Mythologie mißtraute, derzufolge lange vor unserer Zeitrechnung ein gewisser Ikarus beim Versuch, mit Flügeln aus Wachs von Kreta zu fliehen, ins Meer stürzte? Wir wissen es nicht. Jedenfalls kletterte Walter Cornelius (44) mit leichtem Gepäck auf das 11 m hohe Dach eines Supermarktes in Peterborough (Ostengland), legte sich Flügel aus Segeltuch und Balsaholz an, machte sich auf die Socken und sprang. Auf der Brücke über die Nene harrten Hunderte seiner Mitbürger, teils belustigt, teils gespannt. Sie hatten gehört, Cornelius wolle über den 60 m breiten Fluß segeln. Eine Krähe brauche dafür nur eine Minute, hatte er gesagt.

Cornelius brauchte nur wenige Stunden, um statt in den Geschichtsbüchern kopfüber im kalten Wasser der Nene zu landen. Einer mehr, der vergeblich versucht hatte, die Schwerkraft zu überlisten. Zu allem Unglück brach sich der verhinderte Vogelmensch außer den Flügeln auch die Nase, die er aber bald wieder hoch trug. »Die Flügel waren zu kurz«, erklärte er. »Ich hätt's aber trotzdem geschafft, wenn nicht ein Stück Gummiband gerissen wäre. Beim nächsten Mal nehme ich breitere Flügel, mit 6 m Spannweite.«

Die Gorillas im Frankfurter Zoo können ihren Direktor neuerdings auch im Fernsehen bewundern. Deutschlands prominentester Tierfreund, Prof. Grzimek ließ ihnen ein Schwarzweiß-Gerät mit beiden Programmen vor den verglasten Käfig stellen. Erforscht werden soll die Reaktion auf elektronische Bilder. Erstes Ergebnis: Die Affen, die ja von allen Tieren am nächsten mit dem Menschen verwandt sind, interessieren sich am meisten für laute Musik und schnelle Bewegungen. So langweilig wie zuweilen behauptet wird ist das deutsche Fernsehen — zumindest für Affen — offenbar nicht. Denn sie reißen sich jetzt immerhin nicht mehr aus Langeweile die Haare aus wie sonst an besuchsarmen Tagen. Demnächst sollen sie sogar einen Farbfernseher bekommen.

Auf seinem Motorrad ist der kleine David Thorpe aus Brecknell/Berkshire der Größte. Hier fliegt der achtjährige Engländer über einen Silberschatz von fast hundert Trophäen, die er in den letzten zwei Jahren gewonnen hat. Schon jetzt ist er britischer Jugendmeister im Geländefahren. Im nächsten Jahr will er sich den Titel ein drittes Mal holen. Sein Endziel: die Weltmeisterschaft.

Bald ist Damenball in der Bundesrepublik. Dann ist der Spaß vorbei, und unsere Fußballfrauen werden ernsthaft um Sieg und Niederlage spielen. Der Deutsche Fußballbund beschloß auf seinem Jahreskongreß in Travemünde, den Damenfußball offiziell zu genehmigen. Gemischtes Spiel ist allerdings weiterhin unerlaubt. Mit Beginn der kommenden Saison soll der Damen-Mannschafts-Spielbetrieb beginnen. Dortmunds Fußball-Obmann Jockel Bracht ist prinzipiell dagegen: »Frauen sollten am Kochtopf bleiben.«

Das größte Unglück in der europäischen Sportgeschichte geschah im Ibrox-Stadion von Glasgow. Eine Minute vor dem Abpfiff des traditionellen »Neujahrsspiels« der schottischen Erzrivalen Celtic Glasgow und Glasgow Rangers ging Celtic mit 1:0 in Führung. Die meisten Rangers-Anhänger glaubten, damit sei die Entscheidung gefallen, und verließen das Stadion. Als in einer der letzten Spielsekunden Rangers den Ausgleich schaffte, kam es auf der Treppe, die hinter Block 13 zum Ausgang führt, zur Katastrophe: Rangers-Fans wollten zurück ins Stadion, um das Unentschieden mitzufeiern. Die hinabströmenden und die hinaufdrängenden Zuschauermassen prallten aufeinander. Die Treppengeländer brachen. 66 Menschen wurden zu Tode getrampelt, 118 zum Teil schwer verletzt.

80 000 Zuschauer hatten das Spitzenspiel der schottischen Fußballdivision verfolgt, bei dem nicht nur die Fußballeidenschaften aufeinanderprallten, sondern auch erbitterte Glaubensfeindschaften. Celtic ist die Mannschaft der schottischen Katholiken, Rangers das Team der Protestanten. Stets gab es Krawalle unter den Zuschauern bei den Spielen der beiden Rivalen, meist viele Verletzte, mitunter auch Tote. Dieses Spiel war dagegen außerordentlich friedlich verlaufen. Bis zur Katastrophe beim Spielende brauchte die Polizei von den Zuschauern, die vorsichtshalber in getrennten Blöcken untergebracht waren, nur zwei Jugendliche zu verhaften.

Mit mehr als 100 km/h rast der Bob »Spanien I« über die Steilwand der Zielkurve hinaus. Der Schlitten zerschellt an einem 40 m entfernt stehenden Baum. Der 27jährige Bremser Luis-Lopez Solanes wird tödlich verletzt. Er war beim Training zu den Weltmeisterschaften in Cervinia im italienischen Aostatal für seinen erkälteten Freund Guillermo Rossal eingesprungen. Eine Woche später wird Prinz Michael von Kent von seinem umgestürzten Viererbob 600 m über die Bahn geschleift. Insgesamt gab es 38 Stürze. Die Weltmeisterschaft der Zweierbobs mußte schließlich abgebrochen werden. 13 Mannschaften hatten das Ziel nicht erreicht.

Auf einem kleinen Wüsten-Friedhof außerhalb von Las Vegas wurde Sonny Liston begraben. Der Todestag des ehemaligen Box-Weltmeisters aller Klassen ist ebenso unbekannt wie sein Geburtstag. Listons Frau Geraldine fand ihren Mann, als sie von einer Reise zurückkehrte, tot im Schlafzimmer ihrer Luxusvilla.

Der Sheriff von Las Vegas ordnete eine Obduktion an, denn Liston hatte engen Kontakt zur Unterwelt. Die Todesursache: ein Blutstau in der Lunge. Als Listons Geburtsdatum wird der 8. Mai 1932 genannt — er selbst schwieg stets darüber. Mit 13 lief er seinen Eltern und seinen 23 Geschwistern weg. Mit 16 gewann er seinen ersten Titel: Schwergewichtsmeister der Strafanstalt von Missouri. Später nahm sich die Mafia seiner Karriere an. Am 25. September 1962 machte er Box-Geschichte: In der ersten Runde schlug er den Weltmeister Floyd Patterson k.o. 18 Monate lang war Liston der Größte. Dann kam Cassius Clay und siegte durch K.o. in in der 7. Runde. Beim Rückkampf 1965 lag Liston schon in der 1. Runde k.o. am Boden.

Erwartungsvolle Gesichter im »Ost-West-Expreß«: Eine Familie aus Oppeln im ehemaligen Oberschlesien sieht zum erstenmal ihre neue Heimat. Sie gehört zur ersten Gruppe von 3000 in Polen lebenden Deutschen, die jetzt nach der Unterzeichnung des deutsch-polnischen Vertrages die Ausreiseerlaubnis bekommen.

Diese »Fräuleins« sind am 31. Januar die begehrtesten von Berlin. Sie vermitteln, was fast 19 Jahre lang unmöglich war: Telefonate von West-Berlin nach Ost-Berlin und in die DDR. Doch schon zweieinhalb Stunden nach Wiederaufnahme des innerstädtischen Telefonverkehrs müssen sie passen, die Tageskapazität ist bereits erschöpft. Mehrere tausend Gesprächswünsche müssen abgelehnt werden, denn nur zehn Leitungen stehen zur Verfügung. — Die DDR-Behörden hatten im Mai 1952 die 3910 innerstädtischen Telefonleitungen mit der Begründung gekappt, in West-Berlin stationierte Agentenorganisationen mißbrauchten die Drähte für ihre subversive Tätigkeit. Das Angebot, zum 31. Januar zehn Verbindungen wiederherzustellen, kam überraschend, obwohl die beiden deutschen Postverwaltungen darüber gesprochen hatten. Bei den Verhandlungen über den Zahlungsausgleich im innerdeutschen Postverkehr hatte sich die Bundesregierung bereit erklärt, für Leistungen der DDR-Post rückwirkend 90 Millionen Mark zu zahlen unter der Bedingung, daß die beiden Berliner Telefonnetze wieder verbunden würden.

Der interkontinentale Großflughafen München II soll im »Erdinger Moos«, etwa 30 km nördlich von München, gebaut werden. Dagegen protestieren die Bewohner der betroffenen Gemeinden. Sie fühlen sich durch Lärm und Flugzeugabgase bedroht. Viele von ihnen sind in die »Moos-Gemeinden« gezogen, um dem Smog und Lärm der Millionenstadt München zu entgehen. Ihr Protest richtet sich aber auch gegen offensichtliche Planungsmängel. Ein Gutachten stellte fest, das vorgesehene Gebiet sei eines der größten Nebellöcher Südbayerns. Die Standortsuche sei auch deshalb so schwierig, schrieb eine Münchener Zeitung, weil es im Umkreis von München nicht einen Quadratmeter Boden gebe, der nicht von einem Politiker »geschützt« werde.

Die Bundesrepublik erlebt eine Welle von Protestaktionen der Bauern. In der Innenstadt von Hannover demonstrieren mehrere Hundert niedersächsische Bauern mit ihren Traktoren. Ihr Unmut richtet sich gegen die Preispolitik von Wirtschaftsminister Schiller. Wenig später blockieren etwa 4000 schleswig-holsteinische Bauern mit ihren Fahrzeugen die Straßenverbindungen nach Dänemark, um gegen die nach ihrer Meinung unzureichenden Erzeugerpreise in der EWG zu protestieren.

Ein für unsere Breiten seltenes Bild: Polarlandschaft an der Elbe bei Hamburg. Spaziergänger freuten sich an der Idylle. Deutschland litt unter einer Frostwelle. In Hamburg gab es einen Kälterekord. Das Thermometer sank unter minus 20 Grad. Über tausend Autos blieben liegen, weil die Batterien ihren Dienst versagten. Auf dem Mittellandkanal war das Eis bis zu 20 cm dick. Der Interzonen-Schiffsverkehr mußte eingestellt werden. Auf der Elbe wurden Eisbrecher eingesetzt. In der DDR gab es Schwierigkeiten in der Energieversorgung. — Anhaltende Schneefälle und Tiefsttemperaturen — örtlich bis minus 28 Grad — verursachten in Frankreich das größte Winterchaos seit 53 Jahren. Das Rhônetal lag unter einer 60 cm hohen Schneedecke. Mehr als zehntausend Autofahrer froren in ihren Gefährten, die hoffnungslos im Schnee steckengeblieben waren und Straßen und Autobahnen blockierten (wie auf dem unteren Bild die Europastraße bei Montélimar). Sie mußten teilweise mehrere Tage ohne Hilfe in ihren Fahrzeugen ausharren und sich dann in mühsamen Märschen zu Notquartieren in den umliegenden Ortschaften durchkämpfen. Allein nach Montélimar kamen 7000 Obdachlose. Schulen, Kirchen, Kasernen und Ämter wurden zu Notquartieren hergerichtet. Die Eisenbahn setzte Sonderzüge ein, die auch

Anhalter mitnahmen. Am härtesten betroffen war das Departement Drôme an der mittleren Rhône. Noch Wochen nach dem großen Schneefall waren mehrere Dörfer von der Umwelt abgeschnitten (Bild rechts). Dem Präfekten stand nur eine einzige Schneefräse zur Verfügung. Frankreichs Administration mußte sich den Vorwurf gefallen lassen, ihr Zivilverteidigungsplan habe versagt. Ausrüstungsminister Chalandon gab zu, er habe das Ausmaß der Katastrophe unterschätzt. Mehrere Menschen waren erfroren, ehe Hilfe kommen konnte.

Der Tanker »Texaco Caribbean« kollidierte im Ärmelkanal bei dichtem Nebel mit dem peruanischen Frachter »Paracas«, explodierte und brach auseinander. Der Kapitän und sieben Besatzungsmitglieder kamen ums Leben. Zum Glück hatte der Tanker kein Öl an Bord. So blieben die Küsten Frankreichs und Englands von einer Ölpest verschont. Ein zweites Unglück geschah am nächsten Tag. Das Hamburger Motorschiff »Brandenburg« lief auf das unter der Wasseroberfläche treibende Vorschiff des Panama-Tankers auf. 20 Menschen starben.

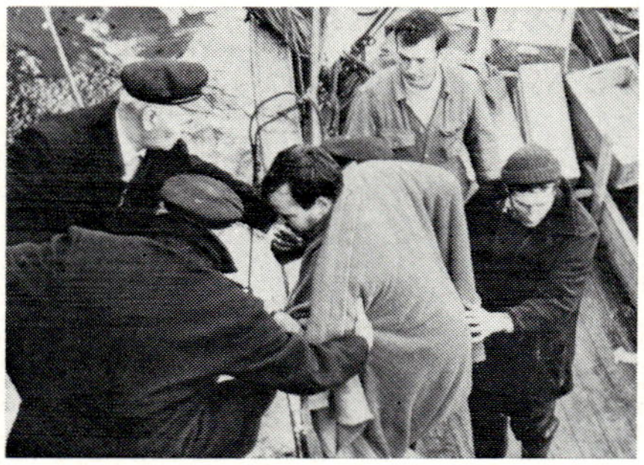

In der Verhandlung wurden Vorwürfe gegen britische Seedienststellen laut. Das Wrack sei entgegen einer internationalen Regelung auf der falschen Seite markiert worden. Um die Zahl der Kollisionen in der meistbefahrenen Seestraße der Welt, die von den Seeleuten »Piccadilly Circus« (nach dem gleichnamigen Londoner Verkehrsknotenpunkt) genannt wird, zu verringern, hatte die Schiffahrtsbehörde der UNO schon vor einigen Jahren eine Einbahnstraßenregelung für die Meerenge empfohlen. Die westwärts durch den Kanal in den Atlantik fahrenden Schiffe sollten einen 9 km breiten Wasserstreifen auf der nördlichen, der britischen, Seite benutzen, die ostwärts in Richtung Nordsee fahrenden die südliche, französische, Seite nehmen. Die Zahl der Zusammenstöße nahm nicht ab, denn die UNO-Empfehlung ist nicht verbindlich geworden. Auch die »Paracas« war auf der falschen Seite gefahren.

Ron Burton, Fotograf des »Daily Mirror« flog mit beim »Himmelsroulett«. Er erhielt unter anderem auch für dieses Foto, das er von sich selbst im Cockpit einer »Red Arrow«-Maschine schoß, den Titel »Fotograf des Jahres«.

Sie gelten als die besten Flieger der Welt: die Piloten der »Red Arrows«, der Kunstflugstaffel der Royal Air Force. Über dem britischen Fliegerhorst Kemble übten sie »Himmelsroulett«. Dieses atemberaubende Manöver ist eine Spezialität der »Roten Pfeile« (Fotos rechts). Die Tragflächen zweier Maschinen berührten sich: beim Absturz kamen vier Piloten ums Leben. Es war das sechste Unglück der Elite-Flieger in drei Jahren.

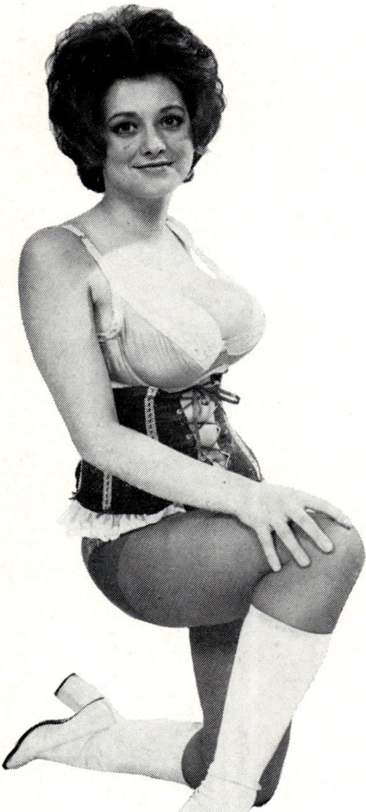

Der Drang zur Kasse war größer als die Entrüstung: Im Hamburger Operettenhaus ließen sechs Paare die Hüllen fallen. Das Sex-Musical »Oh Calcutta« hatte deutsche Premiere. Von Calcutta ist allerdings in dem US-Sex-Schocker nie die Rede. Der Titel ist eine Verballhornung von »Oh quel cul tu as« (Oh, was für einen Hintern du hast). – Die Preistabelle auf dem Rücken der Dame auf dem rechten Foto sollte nicht zu falschen Schlüssen verführen. Die Nackte stellte sich vielmehr in den Dienst der Nation. Sie sollte mithelfen, 55 Millionen Briten dafür zu erwärmen, metrisch zu denken. Am 15. Februar war der gefürchtete »D-Day«, an dem sich die Engländer auf das kontinentale metrische Maßsystem umstellen mußten. Aus Unzen wurden Gramm, Gallonen wurden zu Litern, Yard zu Metern. Das Pfund hat statt bisher 240 Pence nun 100 Neue Pence. 57 % der Insulaner waren gegen die Umstellung.
Kummer mit den Maßen hatte auch Jane Tornainen, 18jährige Bardame aus Bournemouth in Südengland (linkes Foto). Zwar war es ihr gleichgültig, ob man ihre Oberweite mit 38½ Inch oder 98 Zentimeter angab. Die Tatsache als solche war ihr zuviel. Sie trachtete danach, ihre natürlichen Rundungen, von deren Ausmaßen Geschlechtsgenossinnen wie Vertreter des anderen Geschlechts gemeinhin nur träumen, mit des Chirurgen Messer auf Mittelmaß reduzieren zu lassen. Unverzüglich riefen die Besucher der »Granville Bar« eine Notgemeinschaft ins Leben, um sich ihre Augenweide zu erhalten. Bald hatte der Verein mit dem Namen »Bust Retention Association«, abgekürzt BRA (zu deutsch: BH), 100 Mitglieder.

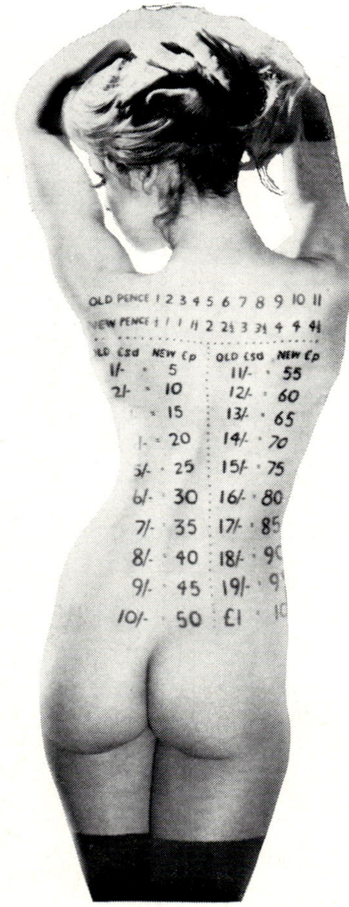

Die neue Straßenverkehrsordnung bescherte den kraftfahrenden Bundesbürgern 53 neue Paragraphen und den Schilderfabriken Hochkonjunktur. Etwa die Hälfte aller Verkehrsschilder kam auf den Schrott, ebenso viele neue wurden aufgestellt, insgesamt etwa vier Millionen. Geschätzte Kosten: zwischen 150 und 400 Millionen Mark. Sinn der Aktion: Angleichung an internationale Verkehrsnormen.

Rolls-Royce, Hersteller feinster Limousinen und berühmter Flugzeugtriebwerke, ist pleite. Das sei »etwa so, als habe man entdeckt, daß die Kronjuwelen gefälscht sind oder die Bank von England ihre Zahlungen eingestellt hat«, schrieb der »Daily Mirror«. Auch zwei staatliche Finanzspritzen von insgesamt 465 Millionen Mark hatten den Bankrott der Nobelfirma nicht aufhalten können.

Im demokratischen Musterland Schweiz haben jetzt auch die Frauen das Stimmrecht für Bundeswahlen erhalten. Die Schweizer Männer entschieden sich mit 621 403 gegen 323 596 Stimmen für eine entsprechende Verfassungsänderung. In 8 der 25 Kantone überwogen die Neinstimmen; dort haben die Frauen bei Kantonalwahlen auch noch kein Stimmrecht. 1959 war ein erster Versuch, den 1,9 Millionen Frauen gleichberechtigt neben den 1,6 Millionen Männern des Landes den Weg zu den Wahlurnen zu gestatten, mit nahezu umgekehrtem Stimmenverhältnis wie 1971 gescheitert.

Ein makabrer Test endete mit einem beschämenden Ergebnis. Die Redaktion der Auto-Zeitschrift »Gute Fahrt« wollte ergründen, wie gleichgültig die lieben Mitmenschen sind. Eine Sekretärin legte sich in den Kofferraum eines VW. Ein Redakteur fuhr mit diesem Auto durch Stuttgart. An einer Tankstelle ging der Tankwart in die Knie – und tankte dann ungerührt voll. Als der Wagen vor dem Stuttgarter Hauptbahnhof parkte, blieben etwa 300 der Passanten stutzend stehen – und gingen dann unbekümmert weiter. Es dauerte fast eine Stunde, bis endlich ein Mann wissen wollte, was sich unter der Haube verbarg.

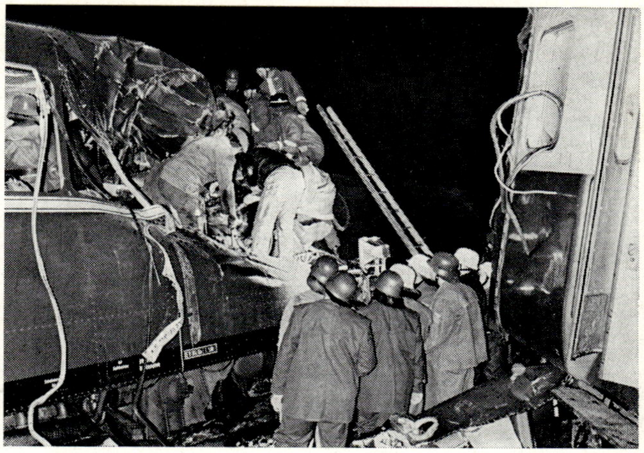

9. Februar: Im Allgäu lag leichter Nebel. Der Trans-Europa-Expreß »Bavaria« (München-Zürich) hatte den kleinen Bahnhof Aitrang passiert. Die Links-Kurve am Katzenberg durchfuhr Hauptlokführer Heinrich Rahn mit 132 km/h. Tempo 80 war vorgeschrieben. Der Zug brach aus der Spur. Drei der vier Wagenglieder schoben sich ineinander. Zwei Minuten später fuhr ein Schienenbus aus der Gegenrichtung auf dem Parallelgleis in die Trümmer. Fazit: 28 Tote. Unter ihnen der Schauspieler und Regisseur Leonhard Steckl.

Ein Erdbeben in Tuscania, einer alten Etruskersiedlung nördlich von Rom, richtete schwere Schäden an. 20 Menschen kamen ums Leben, 270 wurden schwer verletzt. Mehr als die Hälfte der rund 7500 Einwohner wurde obdachlos. Das Beben – nach Ansicht der Fachleute vulkanischen Ursprungs – war nicht stark. Es erreichte auf der 12gradigen Mercalli-Erdbeben-Skala den Wert sechs. Die Erschütterungen reichten aber aus, um jahrhundertealte Häuser aus Tuffstein zum Einsturz zu bringen und wertvolle mittelalterliche Kirchen schwer zu beschädigen (Bild oben). Einstürzendes Gestein richtete neue Zerstörungen an (Bild oben rechts). Nach dem Erdbeben erklärten die Behörden die Altstadt von Tuscania für unbewohnbar.

Der »Glaubenskrieg« zwischen Protestanten und Katholiken in Nordirland flackert immer wieder auf. Der Tod eines fünfjährigen Mädchens, das von einer britischen Militärstreife überfahren worden war, führte in Belfast zu den schwersten Auseinandersetzungen seit dem letzten Sommer. Katholische Demonstranten steckten Autos und Busse in Brand (Bild rechts); auf den Straßen kam es zu Prügeleien (Bild rechts Mitte). Die britischen Einheiten wurden auf 8000 Mann verstärkt. Wiederholte Razzien (Bild Mitte) hatten kaum Erfolg.

In Reggio di Calabria dauern die Unruhen an (Bilder links und rechts). Die Bewohner der süditalienischen Stadt kämpfen mit Generalstreiks und Massendemonstrationen dafür, daß Reggio der Sitz der Provinzregierung der neugebildeten Region Kalabrien wird. Die Regierung in Rom hatte sich für das kleinere Catanzaro entschieden, das — 125 km nördlich von Reggio — zentraler liegt. Der Widerstand der Bürger von Reggio, der wie südländische Starrköpfigkeit aussehen mag, hat wirtschaftliche Hintergründe: Man hatte auf die dringend benötigten Arbeitsplätze gehofft und auf den wirtschaftlichen Aufschwung, den die Ernennung zur Provinzhauptstadt für Reggio mit sich bringen würde.

Zum ersten Mal landete ein DDR-Flugzeug auf westdeutschem Boden. Eine Düsenmaschine des sowjetischen Typs Tupolev 134 der DDR-Fluggesellschaft »Interflug« brachte Staatssekretär Kohl zur Fortsetzung des innerdeutschen Dialogs von Ostberlin nach Bonn. Währenddessen war eine Tagung von FDP-Parlamentariern in West-Berlin der DDR Anlaß, die Landverbindungen nach Berlin zu blockieren. —
Carl Käselau (74) hat 12 Jahre unschuldig im Gefängnis gesessen. Ein Lübecker Schwurgericht hatte ihn 1960 für schuldig befunden, 1949 seine Frau vergiftet zu haben. Zwei Anträge Käselaus auf Wiederaufnahme des Verfahrens wurden abgelehnt. Die »Zuflucht« nahm sich des Falles an, Ergebnis: Frau Käselau hat Krebs gehabt. Die Symptome, die als Anzeichen für eine Thallium-Vergiftung angesehen worden waren, treten auch im Endstadium des Krebsleidens auf. Schwere Vorwürfe richtete die »Zuflucht« gegen den inzwischen verstorbenen Leiter der Mordkommission.

Deutschlands populärster Oberbürgermeister, Hans-Jochen Vogel, SPD, zwang seine Partei, Farbe zu bekennen. Der Münchner OB kündigte an, er wolle 1972 nicht wieder kandidieren und leitete damit die offene Fehde zwischen dem Partei-Establishment und der rebellischen Juniorenriege der SPD, den Jungsozialisten, ein. Die Partei votierte für Vogel, der sich nicht länger von den Jusos hatte drangsalieren lassen wollen. In München sprachen die Delegierten dem lokalen Parteivorstand das Mißtrauen aus und wählten den OB zum neuen Vorsitzenden. In Bonn urteilte die Parteispitze mit Blick auf die Jungsozialisten: Wer das Godesberger Programm von 1959 nicht als verbindlich anerkennt, kann nicht Mitglied der SPD sein.

Der Streit um Mini, Midi oder Maxi wurde im Sommer 1971 durch eine neue Variante bereichert: Aus Paris und London kamen die »Hot pants«.

Eine 30 Zentimeter dünne Stelle im Nordpolar-Eis fand Alan Kennedy, der Kommandant des britischen Atom-U-Bootes »Dreadnought«, und knackte das Eis. Anschließend machte seine Mannschaft einen Spaziergang auf dem Pol.

Mehr als drei Stunden baumelte der dänische Fernfahrer Eigil Jensen im Führerhaus seines Lastwagens zwischen Himmel und Erde, bevor ihn seine Retter mit kältestarren Gliedern aufseilen konnten. Glatteis war ihm auf der Skaapesundbrücke nördlich von Göteborg (Schweden) beinahe zum Verhängnis geworden.

Der Münchener »Star-Anwalt« Dr. Till Burger beging Selbstmord. Einige Wochen zuvor war es ihm gelungen, den entführten Michael Luhmer (7) aus Niederbachem bei Bonn freizubekommen. Gegen ein Lösegeld von 200 000 Mark, das das Land Nordrhein-Westfalen gab, hatten die Entführer Burger den Jungen übergeben. Der Anwalt konnte sie anschließend überreden, ihm 25 000 Mark für den von ihm gegründeten gemeinnützigen Verein »Zuflucht« zurückzugeben. Das Land NRW forderte das Geld jedoch zurück. Burger geriet ins Kesseltreiben, denn auch Kollegen warfen ihm Eigennutz vor.

Während in Brüssel die Landwirtschaftsminister der EWG tagten, kam es zwischen 75 000 demonstrierenden Bauern und der belgischen Polizei zu blutigen Auseinandersetzungen. Bilanz der Straßenschlacht: ein Toter, 200 Verletzte und Sachschaden von mehreren Millionen Mark. Der »Prügelknabe« ist der holländische Vizepräsident der EWG-Kommission Sicco Mansholt. (Bild unten rechts: Mansholt wird symbolisch zu Grabe getragen.) Die Demonstranten forderten bessere Preise für den Erzeuger. Mansholt bezeichnete die Ausbrüche als eine »Explosion der Wut« und führte sie auf Falschinformationen zurück: Den Bauern seien zehn bis fünfzehn Prozent Preissteigerungen vorgespiegelt worden, obwohl solche Raten gar nicht durchzusetzen seien. Freiherr Heereman, der Präsident des Deutschen Bauernverbandes, rief die Bauern in der EWG zur Solidarität auf.

Nach zwei Jahren Verhandlung im sogenannten »Manson-Prozeß« haben die zwölf Geschworenen Charles Manson und seine drei Anhängerinnen zum Tode in der Gaskammer verurteilt. Sie wurden des Mordes an der Schauspielerin Sharon Tate und sechs anderen Menschen für schuldig befunden. Die Urteile sollen im Gefängnis »San Quentin« vollstreckt werden. Bei der Urteilsverkündung zeigten sich Leslie van Houten, Patricia Krenwinkel und Susan Atkins kahlgeschoren. Manson hatte während des Prozesses von Dezember 1969 bis März 1971 seine Haar- und Barttracht des öfteren verändert.

Als Verkaufsknüller erweist sich auch in Deutschland die amerikanische Erfindung »Aquabett«. Das Ding ist aus Plastik, schwappt und gluckst, und kostet zwischen 500 und 10 000 Mark. In Amerika werden auf dem Wasserbett, das sich dem Körper angenehm anpaßt, auch Tanzpartys gegeben. – Nach den Hollywoodfirmen Paramount und Metro-Goldwyn-Mayer durchlebt jetzt auch die »20th Century Fox« die größte Krise ihrer Geschichte. Im Jahr 1970 hatte der »Filmriese« bereits ein Rekordminus von 285 Millionen Mark gemacht. Zunächst waren Hunderte von Schauspielern arbeitslos, dann mußten auch die Requisiten versteigert werden. So der berühmte Quadriga-Rennwagen aus dem »Ben-Hur«-Film, ein Kleid, das Judy Garland trug, sowie viele kostbare Möbel.

Nachdem die verbündeten südvietnamesischen und amerikanischen Streitkräfte nach ihrem Einmarsch in Laos 6000 Mann, rund ein Viertel der Invasionstruppen, verloren haben, ziehen sie sich unter schwerem Beschuß des Vietkong zurück. Mit einem noch nicht dagewesenen Aufgebot an Flak und Boden-Luft-Raketen machen die Nordvietnamesen aus »Siegern« die Gejagten: es war die bitterste Niederlage des Südostasien-Krieges.

US-Oberleutnant Calley (27) wird von einem Militärgericht der Tötung von 22 vietnamesischen Zivilisten im März 1968 für schuldig befunden und am 29. März zu lebenslänglicher Zwangsarbeit verurteilt. Die Strafe wird am 31. März von dem zuständigen Militärbefehlshaber auf 20 Jahre herabgesetzt. Präsident Nixon kann die Strafe weiter mildern. Er hat sich diese letzte Entscheidung noch vorbehalten. Drei Tage nach dem Schuldspruch wird Calley für die Dauer der Berufungsverhandlung aus dem Gefängnis in den Hausarrest entlassen. 102 wehrlose Frauen und Kinder sind bei dem Massaker von My Lai 4 umgekommen (Bild unten). Ende 1969 versuchte die Zeitung »Columbus Enquirer« das Vorgehen Calleys zu rechtfertigen: sie brachte das Foto einer Vietkong-Einheit (Foto ganz unten) und behauptete, diese sei in My Lai 4 stationiert gewesen. Militärberater Ruby (Bild links) sieht in Calley den »Sündenbock« der Nation. Für viele Amerikaner ist Calley der »Held der Nation«. Kriegsveteran John Roy z. B. überreichte ihm einen Scheck über 1000 Dollar, mit dem seine Verteidigung finanziert werden sollte (Bild links). Calley selbst berief sich auf »höheren Befehl«.

Pakistan droht in seine beiden Landesteile zu zerfallen, nachdem Scheich Mujibur Rahman, der 51jährige Führer der ostpakistanischen Awami-Liga, die »Unabhängige Volksrepublik von Bangla-Desh« proklamierte. Staatspräsident General Yahya Khan entsandte daraufhin westpakistanische Truppen nach Ostbengalen. In und um die ostpakistanische Hauptstadt Dakka herum sterben während des blutigen Bürgerkriegs 300 000 Menschen. Armee-Einheiten und bengalische Guerillas liefern sich erbitterte Kämpfe. Bild links zeigt die Gefangennahme einer westpakistanischen Einheit durch die Rebellen. Da die Regierung Yahya Khans karitative Hilfe aus aller Welt für Ostpakistan verbietet, bleibt den Zivilisten nur die Flucht: Millionen Ostbengalen fliehen nach Indien. Viele sterben auf der Flucht (Bild ganz unten), Zehntausende finden in Flüchtlingslagern eine provisorische Unterkunft.

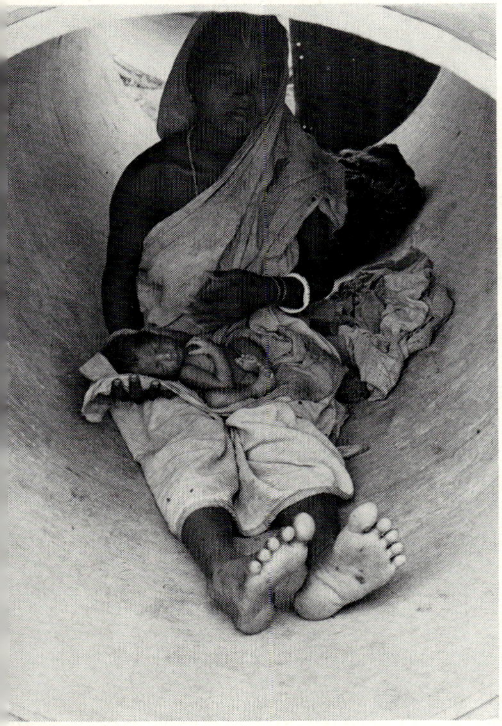

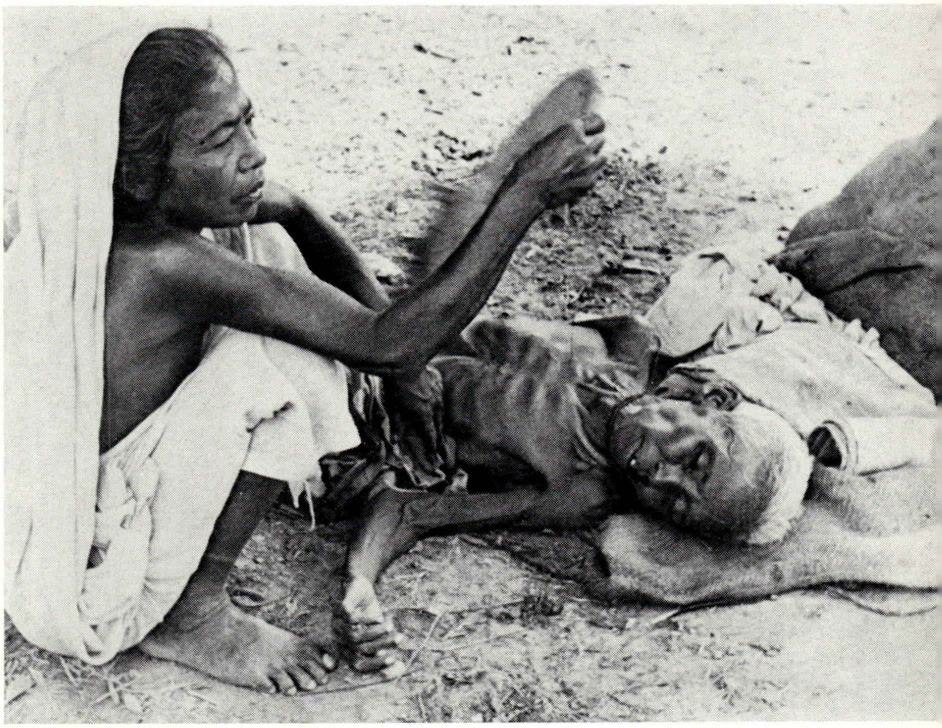

Frank Sinatra, die »Stimme Amerikas«, will sich nach dreißig Jahren unwiderruflich aus dem Schaugeschäft zurückziehen. Wie alle großen Hollywood-Schauspieler mußte sich der Schallplattenmillionär und Oscar-Preisträger im Chinesischen Theater von Los Angeles mit Händen, Füßen und Unterschrift in Zement verewigen. Sinatra ist der Sohn italienischer Einwanderer und war unter anderem mit Mia Farrow verheiratet. Seine Kinder Frank, Nancy und Tina stammen aus seiner zweiten Ehe. Wie weit seine Verbindungen zur Mafia, der »Cosa Nostra« reichen, ist selbst seinen besten Freunden bis heute nicht bekannt. Ebenso rätseln sie über die Gründe zu seinem Rücktritt. »Frankie-Boy« selbst sagt, er wolle lesen, denken, sich mit indischer Philosophie beschäftigen und eventuell Gesang lehren.

In Prag regieren rußlandtreue Tschechen. Drei Jahre nach dem Einmarsch der Armeen des Warschauer Pakts in die ČSSR sind die Helden des »Prager Frühlings« vergessen. Der ehemalige Präsident der Nationalversammlung, Josef Smrkovsky, lebt als Rentner in Prag; Parteichef Alexander Dubček verwaltet heute den Maschinenpark der Forstverwaltung in Bratislava. An der Bushaltestelle auf dem Weg zur Arbeit nimmt niemand Notiz von ihm.

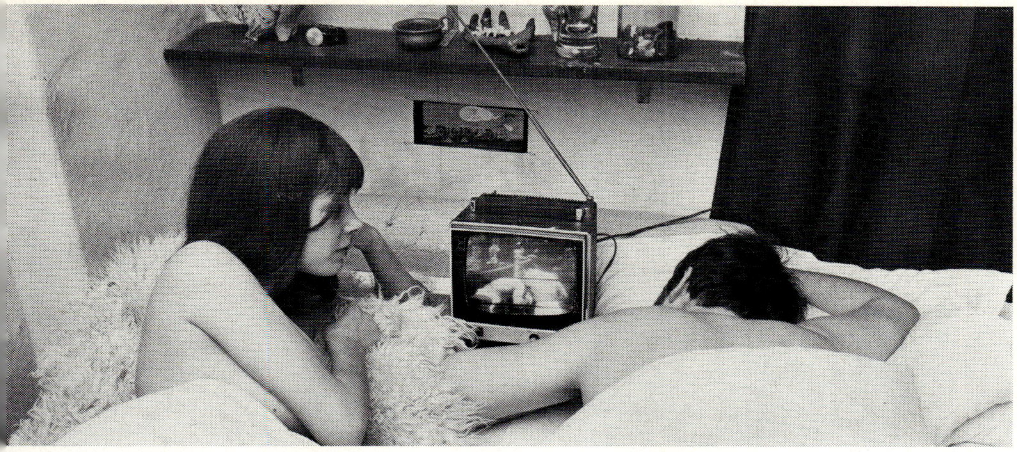

Es wurde die »längste Nacht des Muhammad Ali«, der »Fight des Jahrhunderts« und die »Stromnacht des Jahres«, als Cassius Clay alias Muhammad Ali gegen Joe Frazier boxte. Das amerikanische Nachrichtenmagazin »Life« verpflichtete für seine Reportage den Schriftsteller Norman Mailer als Texter und brachte dazu Fotos, die Frank Sinatra am Ring im Madison Square Garden in New York geschossen hatte. In der Bundesrepublik war in jedem dritten Haushalt in der Nacht vom 8. zum 9. März zwischen 4.00 und 5.40 der Fernsehapparat eingeschaltet. Für Cassius Clay (»Ich bin der Größte«) war die Begegnung mit Frazier die härteste in seinem Leben und gleichzeitig die längste. In der 13. Runde seines 31. Kampfes wurde Clay (29) von seinem zwei Jahre jüngeren und acht Zentimeter kleineren Gegner (182 cm) zum dritten Mal in seiner Profilaufbahn auf die Bretter geschickt. Nur fünf der fünfzehn Runden gaben die drei Kampfrichter an Clay. Mit Clay bezogen »die Homosexuellen und Geschlagenen, die Bärtigen und kleinen Individualisten« ihre Prügel — davon war Norman Mailer überzeugt. Aber er ist auch davon überzeugt, daß diese Niederlage nicht das Ende der Laufbahn von Cassius Clay ist: »Wenn Ali den Rückkampf gegen Frazier gewinnt, wird er zum nationalen Alptraum. Die Amerikaner machen ihn noch zum Präsidenten.«

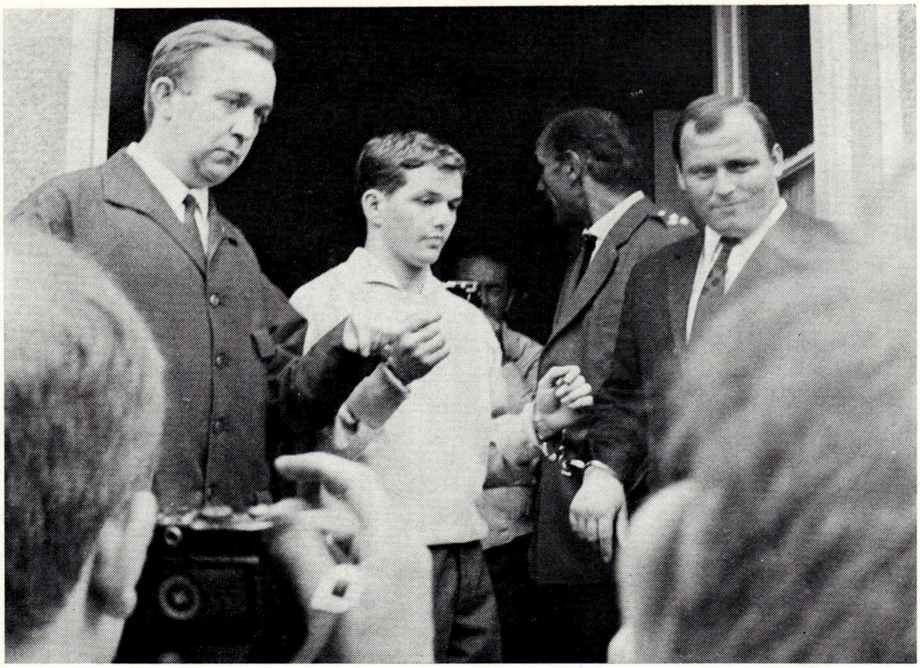

Im Revisionsverfahren gegen den 24-jährigen Metzgergesellen Jürgen Bartsch hat die Jugendstrafkammer des Düsseldorfer Landgerichts ein neues Urteil gefällt: Zehn Jahre Haft und anschließende Einweisung in eine Heilanstalt. Zwölf Mediziner und Psychiater waren als Gutachter gehört worden. Sie stellten bei Bartsch eine »hochgradige Persönlichkeitsabnormität« fest, die auch juristisch als Krankheit gewertet werden mußte. 1967 war Bartsch in erster Instanz in Wuppertal wegen Mordes an vier Schuljungen, die er entführt und mißhandelt hatte, zu einer lebenslangen Zuchthausstrafe verurteilt worden.

In Gröna Lund, dem Vergnügungspark von Stockholm, werden als »Frühjahrsattraktion« gegen Eintrittsgeld der größte und der kleinste Mann der Welt präsentiert. Beide stammen aus Moçambique: Gabriel Estevao Hossjane ist 26 Jahre alt und mißt 261 Zentimeter, Hacinto Horeira ist 21 Jahre alt und nur 67 Zentimeter groß.

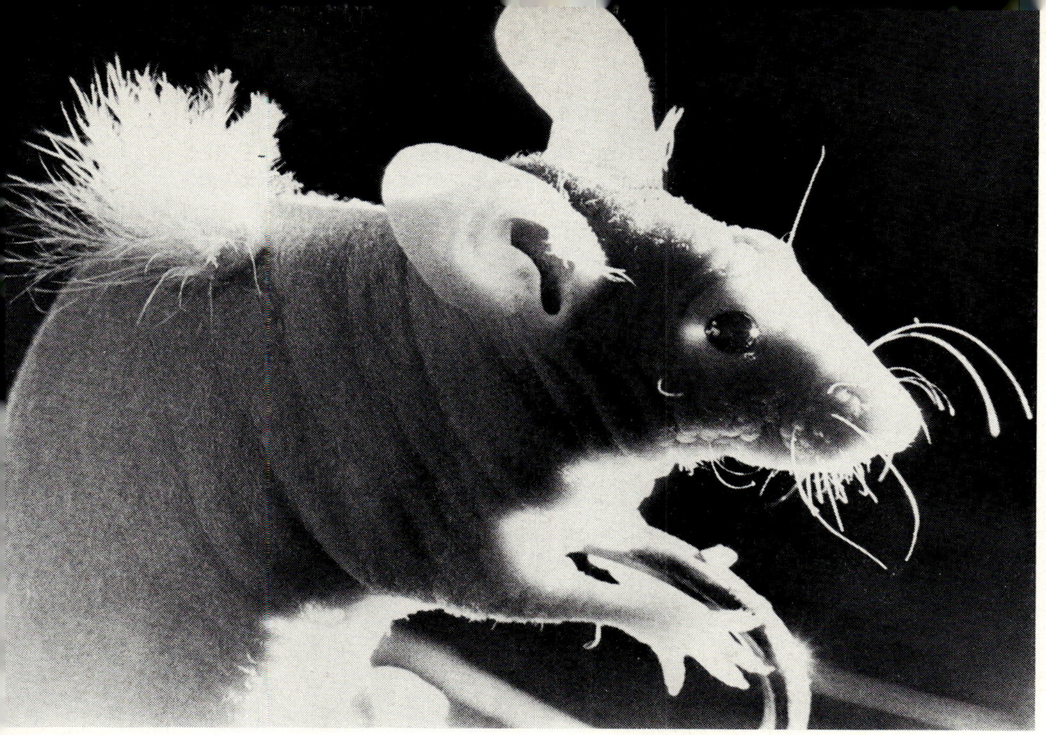

Neue Wege für die Herzverpflanzung eröffnet der dänische Forscher Jørgen Rygaard: es ist ihm gelungen, einer Maus ohne Fell Hautstücke von Tauben und Küken zu überpflanzen. Die Häute wuchsen nur deswegen an und wurden nicht wie üblich als Fremdkörper abgestoßen, weil das Tier keine Thymusdrüse hat. Dieses Organ, das auch der Mensch bis zur Geschlechtsreife besitzt und das dann verkümmert, hat wahrscheinlich die Aufgabe, die Abwehrkräfte des Körpers zu prägen. Sollte es nun gelingen, diese Drüse schon in den ersten Lebensjahren auszuschalten, so daß der Körper keine Abwehrkräfte aufbauen kann, wäre ein Hauptproblem bei Organverpflanzungen gelöst.

Vor einem internationalen Publikum, vor Strafgefangenen aus der Bundesrepublik, Italien, Spanien, Persien, Algerien und der Türkei gab Charlie Rivel in der Strafanstalt Landsberg/Oberbayern auf eigenen Wunsch und unentgeltlich ein Gastspiel. Der 75jährige Künstler wurde von den 400 Gefangenen stürmisch gefeiert.

200 000 bis 400 000 Demonstranten zogen durch die Straßen Washingtons und forderten ein rasches Ende des sinnlosen Krieges in Indochina. Jugendliche Vietnamkriegsgegner erkletterten ein Monument in der Nähe des Capitols, schwangen Mao-Bilder und riefen kommunistische Parolen. Nicht nur in Washington, auch in anderen amerikanischen Großstädten kam es Ende April zu umfangreichen Protestkundgebungen gegen das US-Engagement in Vietnam. Die Demonstranten geben sich nicht mehr mit Kompromissen zufrieden, sie verlangen den vollständigen Abzug der amerikanischen Truppen aus Südostasien. Die Basis der Protestierenden ist breiter geworden: Es sind nicht mehr nur linke Studenten und Arbeiter, die die Masse der Demonstranten stellen, vielmehr nehmen inzwischen alle Berufs- und Altersschichten teil, besonders auch ehemalige Vietnamkämpfer. Ehemalige Kriegsteilnehmer ahmten auch — in Kampfuniformen und mit Spielzeuggewehren bewaffnet — in Boston nach, wie amerikanische Infanterieeinheiten südostasiatische Dörfer durchsuchen (Foto ganz unten). Sie wollten ihren Landsleuten eine Vorstellung davon geben, wie in Vietnam »Demokratie« verteidigt wird.

Eine amerikanische Tischtennis-Mannschaft besuchte die Volksrepublik China. Das an sich war schon eine Sensation. Verstärkt wurde sie durch die außergewöhnlich freundliche Aufnahme der Gäste in China. Auf dem Tien-an-men-Platz in Peking (Bild Mitte) standen Schilder mit der Aufschrift: »Die US-Pingpong-Delegation ist herzlich willkommen.« Ministerpräsident Tschou En-lai empfing die Amerikaner persönlich und ließ sich mit ihnen fotografieren (Mitte rechts). Unter dem Titel »Ein völlig neues Spiel« brachte die »Time« eine Karikatur von Mao und Nixon beim Tischtennis. Ergebnis der »Pingpong-Diplomatie«: Präsident Nixon (»Ich war ein Pingpongspieler«) kündigte seinen Besuch in Peking für das Frühjahr 1972 an und sprach sich für die Aufnahme Rotchinas in die UNO aus. Sein Chef-Berater Kissinger fuhr im Sommer über Pakistan nach Peking, um den Besuch vorzubereiten. –
Joan Kennedy sprach in Bonn den Text zu Prokofieffs »Peter und der Wolf« in einem Konzert mit dem Boston Pops Orchestra unter Leitung von Arthur Fiedler. Es war ein gesellschaftliches Ereignis.

Ein ungewöhnliches Bild: Eine Straßenbahn fährt auf einem Tieflader über die Autobahn bei Bremen. In Zukunft wird sie auf einem Kinderspielplatz stehen.

Am 3. April brach beim Spiel Mönchengladbach gegen Werder Bremen ein Fußballtor zusammen. Das Spiel mußte beim Stand von 1 : 1 in der 88. Minute abgebrochen werden. Das Sportgericht des DFB strafte die Gladbacher mit zwei Minuspunkten.

Drei Monate nach dem Streik der rund 5000 gewerkschaftlich organisierten Angestellten des Bodenpersonals der Deutschen Lufthansa ist der Flugverkehr erneut erheblich behindert. Die deutschen Fluglotsen arbeiten seit dem 24. April »streng nach Vorschrift«. Die Flugleiter der deutschen Flughäfen wollen mit diesem »Bummelstreik« organisatorische und technische Verbesserungen sowie sozialpolitische und personelle Forderungen erzwingen. In den überfüllten Warteräumen mußten die Flugreisenden rund 50 Tage deswegen stundenlange Wartezeiten in Kauf nehmen. Von Frankfurt nach Hamburg benötigten Passagiere oft die fünf- bis zehnfache Zeit.

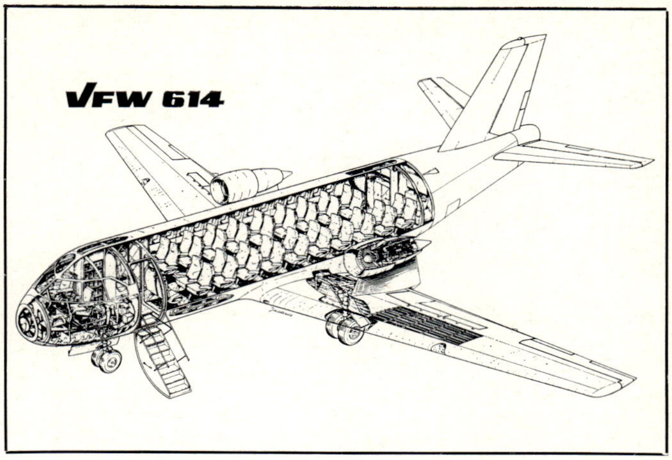

In Bremen rollte das erste deutsche Düsenverkehrsflugzeug aus der Montagehalle. Mit dem von der Firma VFW-Fokker gebauten Jet wird ein neuer Bereich der Verkehrsluftfahrt erschlossen: Die Maschine arbeitet bereits bei einem Bereich von 150 Kilometern rentabel und kann sogar auf Graspisten in der Provinz starten und landen. 44 Passagiere finden in der VFW 614 Platz. Der Mini-Jet erreicht eine Reisegeschwindigkeit von 740 Kilometern in der Stunde. — Kurz zuvor, am 4. April, hatte in Hamburg ein anderer Jet Premiere: Die Lufthansa-Tochtergesellschaft »Condor« stellte ihren ersten Großraum-Jet vom Typ Boeing 747 Jumbo vor, der im internationalen Charterverkehr fliegen soll. Ab 1. Mai sollen im Jumbo bis zu 470 Passagiere nach Palma de Mallorca, Las Palmas und Malaga fliegen.

Um die Versorgung der wartenden Linienflug-Passagiere sicherzustellen, leisteten leitende Angestellte selbst Küchendienst. Hier bedienen Hauptabteilungsleiter der Lufthansa-Service-GmbH Heizöfen für Fertiggerichte und Geschirrspülautomaten. Mit ihrer Hilfe hatten zwar beim Streik der ÖTV Anfang des Jahres die Fluggäste versorgt werden können, beim Bummelstreik der Fluglotsen aber half auch dieser Einsatz nicht.

Vier Jahre nach Adenauers Tod haben die Erben sein Haus in Rhöndorf als »Gedenkstätte für den deutschen Staatsmann und verdienten Europäer Dr. Konrad Adenauer« hergerichtet und dem Publikum als Museum geöffnet. Frische Blumen aus dem Garten stehen stets in den Vasen und schmücken Räume, die zu Lebzeiten des Besitzers vor öffentlicher Neugier hermetisch abgeschlossen waren. 30 Jahre lang hat Adenauer in diesem Haus gelebt und wie kaum ein anderer Politiker seine private Sphäre nach außen hin abgeschirmt. Nur hin und wieder waren Fotos veröffentlicht worden, die ihn beim Boccia-Spielen zeigten. Auch der eigene Boccia-Platz auf dem Rhöndorfer Grundstück ist heute zu besichtigen.

Mit Sex zog die PSP, die Pazifistisch-Sozialistische Partei Hollands, in den Wahlkampf für die Parlamentswahlen Ende April. In Den Haag zeigen zwei Abgeordnete das neue Plakat mit dem Wahlkampfslogan: »PSP — Entwaffnend«. — In Holland sind 110 politische Parteien registriert, 28 beteiligten sich am Wahlkampf, 14 von ihnen gelang es, einen oder mehrere Abgeordnete ins Parlament zu bringen. Die PSP ist mit zwei Abgeordneten vertreten. Einen eindeutigen Wahlsieger gab es nicht: Regieren wird vermutlich eine Koalition.

So ganz ist die gute alte Zeit noch nicht vergessen: Bereits 40 000 Mal wurde »Die Geschichte meines Lebens« verkauft. In einer Düsseldorfer Buchhandlung signierte der Autor, Prinz Louis Ferdinand von Preußen, der Enkel Kaiser Wilhelms II., sein Erfolgsbuch. Vor allem ältere Damen zählen zu den Käufern der Lebenserinnerungen des adeligen Schreibers.

Beifall gab es am Ende des XXIV. Parteitags der KPdSU in Moskau vor allem für Parteichef Breschnew. Er hatte seine Position seit dem XXIII. Parteitag von 1966 wesentlich gestärkt. Sicher und selbstbewußt präsentierte er sich; sein Kurs der Mitte und der Sachlichkeit hat innerhalb des Ostblocks Vertrauen gefunden. So konnte er auch China anbieten, die alte Freundschaft wiederherzustellen. — Zum 25. Jahrestag der SED erschien Walter Ulbricht (77) zum letzten Mal als erster Mann der DDR auf der politischen Bühne: Am 3. Mai trat er zurück. Leonid Breschnew dankte ihm für seinen Beitrag zur »Verwirklichung der großen Gedanken von Marx, Engels und Lenin auf deutschem Boden«.

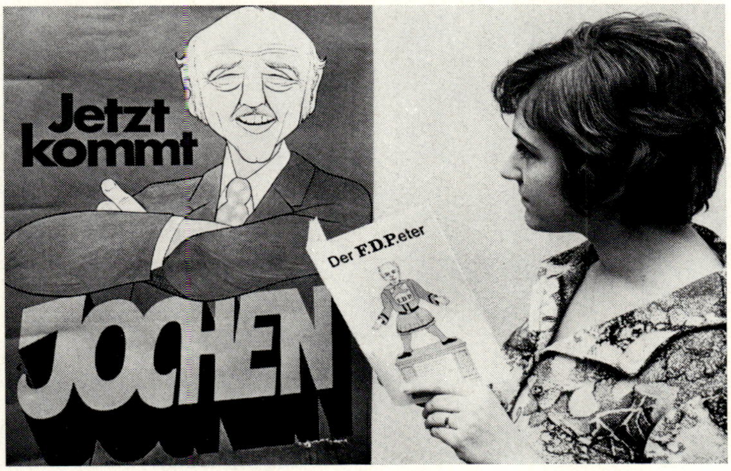

Den härtesten Wahlkampf in der Bundesrepublik gibt es vor den Landtagswahlen in Schleswig-Holstein. In ihrer »meerumschlungenen« Heimat liefern sich Joachim Steffen (48), Landesvorsitzender der SPD, und Gerhard Stoltenberg (42), CDU-Bundestagsabgeordneter, ein scharfes Duell. Während des Wahlkampfes gibt es zwei »Bestseller«: Die Broschüre der FDP, frei nach dem »Struwwelpeter« gestaltet und ein Plakat der Jungsozialisten mit einer Steffen-Karrikatur. Wesentlichen Anteil an der überraschenden Niederlage der SPD trug Steffen selbst. Wegen seiner aggressiven Parolen trägt er den Spitznamen »Roter Jochen«, und »Bild«-Chef Boehnisch nannte ihn gar einen »Ulbrichtdeutschen«. So unterliegt der »Bürgerschreck« Steffen dem »Musterschüler« Stoltenberg. Die CDU gewinnt 51,7 Prozent der 1,8 Millionen Stimmen, die SPD bekommt 41,2 Prozent.

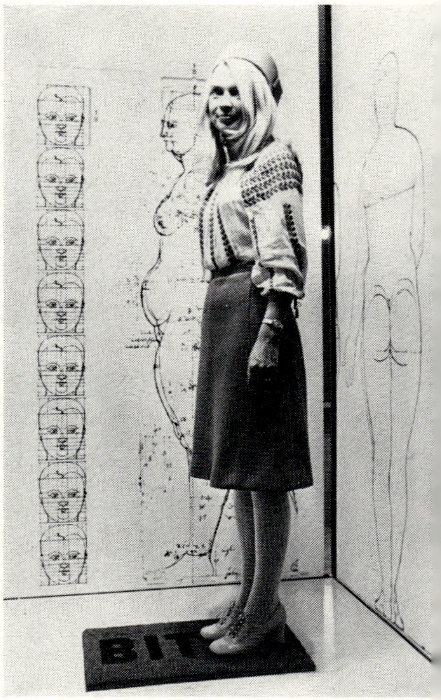

Die Ankunft am Hauptbahnhof von Nürnberg konfrontiert den Reisenden eindrucksvoll mit dem »Sohn der Stadt Nürnberg« – denn Nürnberg feiert den 500. Geburtstag Albrecht Dürers (1471–1528). Das Porträt des Malers gibt es im riesigen Diapositiv in der Bahnhofshalle (Bild oben) oder als Medaille geprägt zu sehen (Bild rechts). »Ritter, Tod und Teufel« hängt vergrößert vor der alten Stadtmauer. Stadt-Hostessen posieren im Nationalmuseum vor Dürers Proportionsstudien. Schon 1969 hatte Kurt Georg Kiesinger ein Dürer-Jubiläum als »Anliegen der ganzen Nation« bezeichnet. In diesem Jahr ist Dürer unablässig vervielfältigt, verfälscht, nachgraviert und nachgedruckt worden, in Paraphrasen, Hommagen, Anzeigen und Kitsch – das Geschäft blüht.

Mit großem Dekolleté, Hut und Schleier führte die Diplomatentochter Bianca Perez Morena de Macias aus Nikaragua den Chef der »Rolling Stones«, Mick Jagger, in Saint-Tropez vor den Altar (Bild links). Im Haus seines Schwiegervaters in Hannover feierte »Superminister« Karl Schiller Hochzeit mit der Oberregierungsrätin Etta Eckel. Ob das rote Maxikleid eine Anspielung auf den Spitznamen »Rote Etta« sein sollte (den Etta Eckel wegen ihrer Neigung zur SPD im NRW-Finanzministerium bekam), verriet sie nicht. — König Baudouin und Königin Fabiola von Belgien machen Staats-Visite in Bonn. Bundespräsident Heinemann empfängt zum ersten Mal ein Königspaar.

»Auf Lenins Weg zum guten Gedeihen unseres sozialistischen Vaterlands« – unter diesem Motto stand der 14. Parteitag der tschechoslowakischen KP in Prag. Am letzten Tag des Kongresses demonstrierten Gustav Husák, Leonid Breschnew und Ludvik Swoboda ihre »völlige Übereinstimmung«. Eine seiner ersten offiziellen Auslandsreisen unternahm zu diesem Anlaß der Nachfolger Walter Ulbrichts: Neben Husák und Breschnew Erich Honecker als Leiter der SED-Delegation. Gleichzeitig feierte Prag den 50. Geburtstag der KPC. Der Generalsekretär der Partei Husák kündigte an, daß der »Kampf gegen die große Gefahr des Rechtsopportunismus und Revisionismus« unvermindert fortgesetzt werden müsse. –
Zwölf Tage zuvor hat Gustav Heinemann einen Staatsbesuch in Rumänien gemacht. Er war der erste deutsche Bundespräsident, der ein Ostblockland bereiste. Wirtschaftsgespräche standen im Vordergrund der Verhandlungen, an denen Außenminister Scheel teilnahm. Es gab aber auch Gelegenheit, mit Staatschef Ceausescu auf die freundschaftlichen Bindungen anzustoßen.

Gegen den Antisemitismus in der Sowjetunion und gegen die Leningrader Urteile protestieren Menschen in allen Großstädten der westlichen Welt. Elf Sowjetbürger, neun von ihnen Juden, hatten, weil ihre Anträge auf Auswanderung abgelehnt worden waren, ein Flugzeug zu entführen versucht. Der Versuch war mißlungen; in Leningrad wurden zwei Menschen zum Tode, neun zu Freiheitsstrafen zwischen 4 und 15 Jahren verurteilt. Mitglieder der militanten »Jewish Defense League« demonstrierten, von der Balustrade der New Yorker Synagoge aus, seit Anfang des Jahres regelmäßig. Juden in Jerusalem, London und Paris schlossen sich dem Protest an. Ende Mai traten vor der Düsseldorfer Synagoge jüdische Frauen und Männer in einen Hungerstreik. —
Wie üblich wird der »Tag der Arbeit« in der DDR mit »Kampfdemonstrationen« gefeiert. Zum Abschluß einer 20 Minuten dauernden Parade aus Anlaß der Feiern zum 1. Mai fahren Fahrzeuge mit riesigen Raketen an der Ehrentribüne am Marx-Engels-Platz in Ostberlin vorbei.

Wie ein Pascha ließ sich der Verleger der »St. Pauli-Zeitung«, Joachim Driessen, in einer Sänfte zu einem Hamburger Gericht tragen. Als Verantwortlicher für den Inhalt des Sex-Blattes war er angeklagt, »unzüchtige Schriften verbreitet« zu haben. Außerdem soll Driessen, der Anfang des Jahres die »Deutsche Sexpartei« gegründet hatte, öffentlich Äußerungen getan haben, die bestimmt waren, »unzüchtigen Verkehr herbeizuführen«. Die barbusigen Trägerinnen wurden von der Polizei daran gehindert, dem Prozeß im Gerichtsgebäude beizuwohnen. —

In Hannover wurden die 23. deutschen Meisterschaften in Stenographie und Schreibmaschine ausgetragen. Auch Männer bewarben sich um die Titel. Nach Angaben des »Deutschen Stenographenbundes« werden in bundesdeutschen Büros 300 000 Schnellschreiber zusätzlich benötigt. —

Vor einer Düsseldorfer Boutique wurde dieser neue Kleinwagentyp entdeckt: der halbierte »Käfer«. Er ist aber nicht für den Stadtverkehr bestimmt, sondern reif für die Werkstatt. Der Fahrer hatte in einer Kurve die Gewalt über sein Fahrzeug verloren und so dem Modeladen einen ungewöhnlichen Besuch abgestattet.

Im Überschall-Wettkampf steht es weiter unentschieden. Auf dem 29. Aero-Salon in Paris gaben sowjetische Fachleute zu, daß ihre »TU 144«, das erste zivile Überschallflugzeug der Welt, nicht vor 1973 in Serie gehen könne. Auch das französisch-englische Gemeinschaftsprodukt »Concorde« wird nicht vor Ende 1973 seinen Transatlantikverkehr aufnehmen. Die »TU 144« (S. 58 unten) und die »Concorde« (S. 59 unten) sind sich nicht nur äußerlich ähnlich: Beide können mit doppelter Schallgeschwindigkeit etwa 125 Passagiere befördern; ihre Reichweite beträgt 6500 Kilometer. Der Preis der »TU 144« ist nicht bekannt; die »Concorde« soll 100 Millionen Mark kosten. —

Über eine Milliarde Dollar war in den USA in das Projekt »SST« investiert worden: Eine Verkehrsmaschine, die mit 2800 Kilometer Höchstgeschwindigkeit der »TU 144« und »Concorde« Konkurrenz machen sollte. Der amerikanische Kongreß hat jetzt beschlossen, die Entwicklung abzubrechen. Das brachte die Firma Boeing an den Rand des Ruins. Die Entscheidung wurde wesentlich durch Proteste in der amerikanischen Öffentlichkeit beeinflußt. Wissenschaftler hatten erklärt, der Fortschritt werde durch irreparable Schäden für Mensch und Natur erkauft. — An der Entwicklung von umweltfreundlichen Fahrzeugen arbeiten deutsche Firmen. Die MBB (Messerschmitt-Bölkow-Blohm-GmbH) stellt in Zusammenarbeit mit Bayer, Bosch, Varta und RWE ein Elektroauto her. Der Transporter für den Stadtverkehr ist aus Kunststoff in selbsttragender Sandwich-Bauweise. —

MBB entwickelte auch das erste Großversuchsfahrzeug der Welt, das von elektromagnetischen Feldern berührungsfrei getragen, geführt und angetrieben wird (rechts oben). Es soll 500 km/h erreichen.

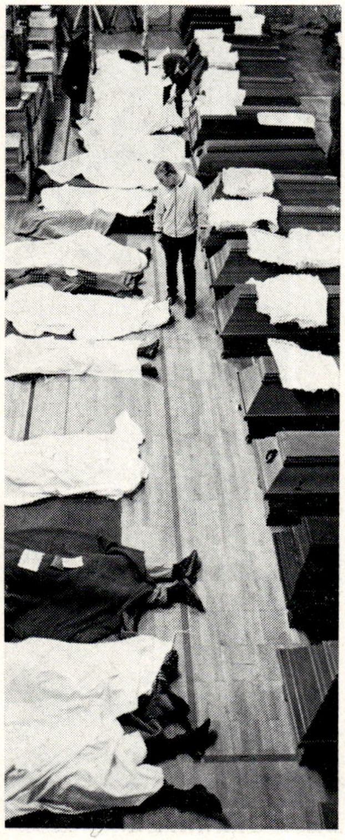

Drei Tage vor Pfingsten stoßen in der Nähe von Radevormwald auf einer eingleisigen Nebenstrecke ein Schienenbus und ein Güterzug frontal zusammen. Aus den Trümmern können nur wenige Menschen lebend geborgen werden. Die Eisenbahnkatastrophe bei Radevormwald ist in der Geschichte der Bundesbahn das bisher größte Unglück. Von den 46 Toten waren 40 Schüler; 26 weitere Schüler wurden schwer verletzt. Sie befanden sich auf der Rückreise von ihrer Schulabschlußfahrt. Erschütternde Szenen gab es bei der Identifizierung der zum Teil bis zur Unkenntlichkeit entstellten Leichen, die in der Turnhalle der Stadt aufgebahrt worden waren. Bundeskanzler Willy Brandt und Verkehrsminister Georg Leber nahmen an den Trauerfeierlichkeiten teil. Gespenstisch wirkte die Rekonstruktion am Unglücksort am Freitag vor Pfingsten. Die Ursache des Unglücks ist menschliches Versagen; Grund dafür aber sind nach Ansicht von Experten mangelhafte Sicherheitseinrichtungen der Bundesbahn. Der Schienenbus war mit 71 Personen besetzt gewesen. Unter den Toten befinden sich auch der Triebwagenführer, der Zugführer, zwei Lehrer der Geschwister-Scholl-Schule und die Mutter eines Schülers.

Seit 56 Tagen ist der Ätna, der höchste Vulkan Europas (3263 m), wieder aktiv. In den letzten Maitagen kam es zum zweitgrößten Ausbruch dieses Jahrhunderts. Mit ohrenbetäubendem Getöse speien der Hauptkrater und fünf Nebenkrater Tag und Nacht gewaltige Massen an Gestein und Asche in die Luft. Bei einer großen Eruption erbricht der Ätna bis zu 900 Millionen Kubikmeter. Ein glühend heißer Lavastrom hat bereits das fast 100 Jahre alte Observatorium unterhalb des Gipfels zerstört und einen Kabelmast der Ätna-Seilbahn beschädigt. In San Alfio am Fuße des Ätna hatte Lava schon bei Ausbrüchen in den Jahren 1928 und 1950 Weinberge, Höfe und Häuser zerstört; in diesem Jahr ist außerdem auch Fornazzo bedroht. Viele Straßen wurden durch Gestein und Asche unpassierbar, die meisten Weingärten sind zerstört. Im vulkanologischen Institut in Catania wird jede Veränderung, die von den seismographischen Bodenstationen oder vom Flugzeug aus gemeldet werden, registriert und verarbeitet, damit Menschen rechtzeitig evakuiert werden können. Die Bevölkerung Siziliens versucht den betroffenen Mitbürgern zu helfen, während Touristen sich bemühen, das Naturereignis zu filmen.

In Berlin verkündete Landgerichtsdirektor Friedrich Geus das Urteil gegen die des gemeinschaftlich versuchten Mordes und der gewaltsamen Gefangenenbefreiung angeklagten Horst Mahler, Ingrid Schubert und Irene Goergens (rechts, von oben nach unten): Der APO-Rechtsanwalt Horst Mahler wurde freigesprochen, die 26jährige Medizinstudentin Ingrid Schubert zu sechs Jahren Haft und die 20jährige Schülerin Irene Goergens zu vier Jahren Jugendstrafe verurteilt. Unmittelbar danach kam es zu schweren Zusammenstößen zwischen der Polizei und linksgerichteten Zuhörern, als Mahler in den Gerichtssaal gerufen hatte: »Auf dieses Urteil pfeife ich. Nicht nur der Geus, ihr alle werdet noch bestraft.« Trotz des Freispruchs ist Schwurgerichtsvorsitzender Geus überzeugt, »daß Mahler von der Befreiung wußte« — nämlich der Befreiung des Kaufhausbrandstifters Andreas Baader.

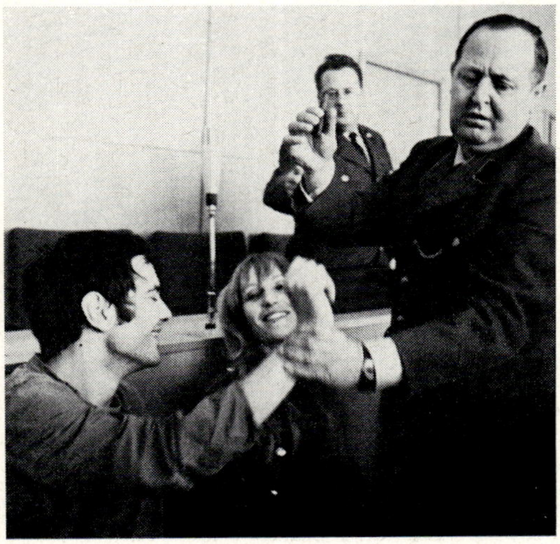

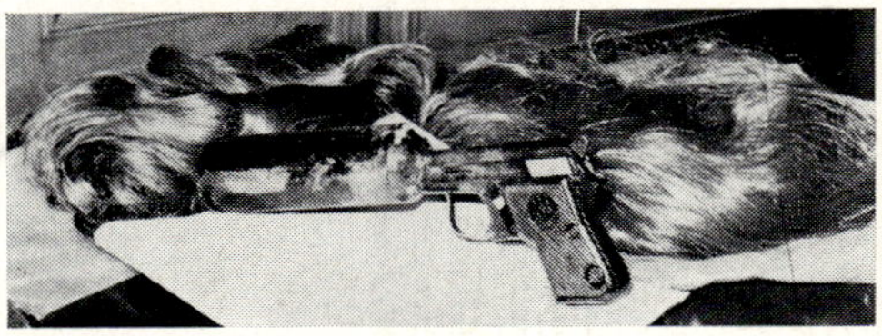

Andreas Baader (links unten, bei seinem Prozeß 1968) saß wegen Brandstiftung in einem Frankfurter Kaufhaus in Berlin im Gefängnis. Er durfte, um an seinem Buch über die »Organisation randständiger Jugendlicher« arbeiten zu können, das »Zentralinstitut für soziale Fragen« aufsuchen. Als er dort im Mai 1970 zum ersten Mal erschien, hatten seine Freunde seine Befreiung vorbereitet. Mit Perücken getarnt und mit Pistolen bewaffnet überraschten sie die Beamten und verletzten den Institutsangestellten Georg Linke (oben Mitte) durch einen Leberschuß. Ulrike Meinhof und Baader konnten fliehen. Seither wird die Journalistin steckbrieflich gesucht und als »Staatsfeind Nr.1« (Innenminister Genscher) gejagt.

Morde an Liebespaaren beunruhigten die Öffentlichkeit. Nach Doppelmorden bei Düsseldorf, Göttingen und Lorsch wurden die beiden Paare Clemens Großmann und Gabriele Kembügler, Heinz-Helmut Meyer und Rita Schneidersmann mit Genickschüssen auf einem ehemaligen Nato-Schießplatz bei Menden aufgefunden. Über die Motive dieser Verbrechen, die wie »Hinrichtungen« wirkten, konnten sich die Kriminologen noch nicht schlüssig werden. Aus der Bevölkerung erhielt die Mendener Sonderkommission innerhalb weniger Wochen über 600 Hinweise. Drei Monate nach der Tat legte der 22jährige Elektriker Arno Assmann ein Teilgeständnis ab: er gab zu, an den Mendener Liebespaarmorden und beim Überfall auf ein Liebespaar in Iserlohn beteiligt gewesen zu sein. Die Schüsse aber habe sein inzwischen tödlich verunglückter Freund Volker Bendig (17) abgegeben.

In der Nähe des oberbayerischen Ortes Grafrath darf »Wildwest« gespielt werden. Ein cleverer Geschäftsmann, Besitzer mehrerer Märchenwälder für Kinder, hatte die Idee zu diesem »Märchen für Erwachsene«. Für 3,3 Millionen Mark wurde auf 400 000 Quadratmeter Waldgelände die »Stadt der heißen Gewehre« (Hot Gun Town) gebaut. 19 massive Häuser mit Original-Dekor stehen bereits. Für drei Mark Eintritt konnte man wilde Schießereien erleben, die sich angeheuerte Schauspieler lieferten. Hier hat gerade der »Sheriff« einen »Bankräuber« gestellt. Das Landratsamt untersagte jetzt das Schießen, weil sich Anwohner beschwert hatten.

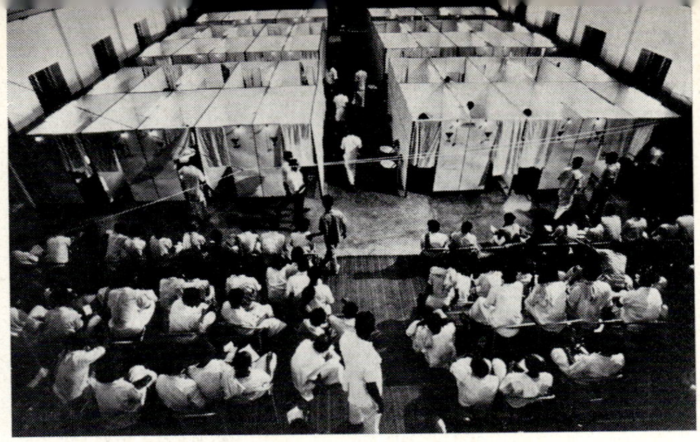

Was Aufklärungskampagnen und kostenlose Verteilung von Verhütungsmitteln nicht erreichten, brachte jetzt in der indischen Stadt Ernakulam die Austeilung irdischer Güter: für vier Pfund Reis, Kleidung und rund 20 Mark ließen sich 60 000 Männer freiwillig sterilisieren. Der schmerzlose Eingriff dauert nur zehn Minuten, aber die Ärzte arbeiteten einen Monat lang Tag und Nacht im Schichtwechsel. Um die Wartezeiten zu verkürzen, hatte die Bevölkerung dieses »Fest der Familienplanung« zu einem Volksfest mit Musik und Tanz ausgebaut. Die Freiwilligen waren mit Frauen und Kindern zum Operationsort gekommen. Weithin sichtbar wurde den Wartenden an Leuchttafeln die Zahl der Operationen angezeigt. Wären den Organisatoren nicht die Geschenke ausgegangen, so hätten sie weitere Tausende von Männern unfruchtbar machen können.

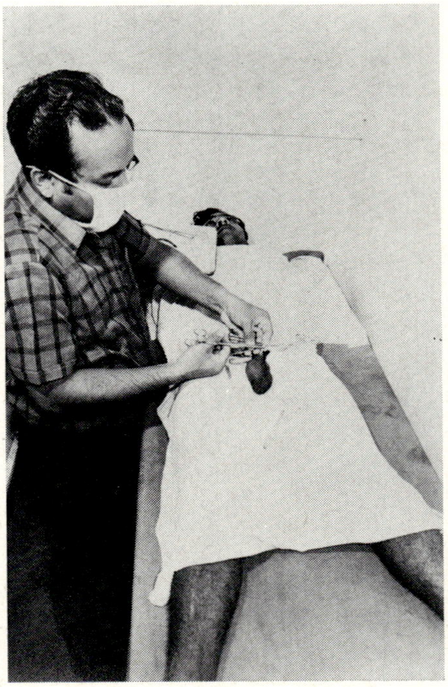

Jährlich treiben in der Bundesrepublik rund eine Million Frauen ab. Hunderte sterben, zehntausende bleiben krank und steril, weil die Abtreibung von Kurpfuschern vorgenommen wird. Von Fachärzten gemacht ist die Schwangerschaftsunterbrechung ein einfacher Eingriff. Die Härte des § 218 trifft alle diejenigen, die sich eine Abtreibung im liberaleren Ausland nicht leisten können. Ihnen droht Gefängnis bis zu fünf Jahren. Trotzdem treiben Millionen Frauen ab – unter erniedrigenden und oft lebensgefährlichen Umständen. »Ich gehöre dazu. Ich habe abgetrieben.« Hunderte von Frauen haben das innerhalb weniger Wochen unterschrieben und öffentlich bekannt, gegen den 100 Jahre alten Paragraphen 218 verstoßen zu haben. Die Illustrierte »Stern« publizierte die Aktion nach dem Vorbild der französischen Zeitschrift »Le nouvel Observateur«, in der 343 prominente Französinnen gestanden hatten »Ich habe abgetrieben«. Die Frauen fordern die ersatzlose Streichung des § 218; sie wollen legal Abtreibungen vornehmen können wie Frauen in den USA, England, Skandinavien und im Ostblock. 46 % der Bevölkerung in der BRD befürwortet die Streichung des umstrittenen Paragraphen. Bundesjustizminister Jahn hat eine Reform zugesagt, aber nicht die Aufhebung. Keine der großen politischen Parteien hat sich eindeutig voll engagiert.

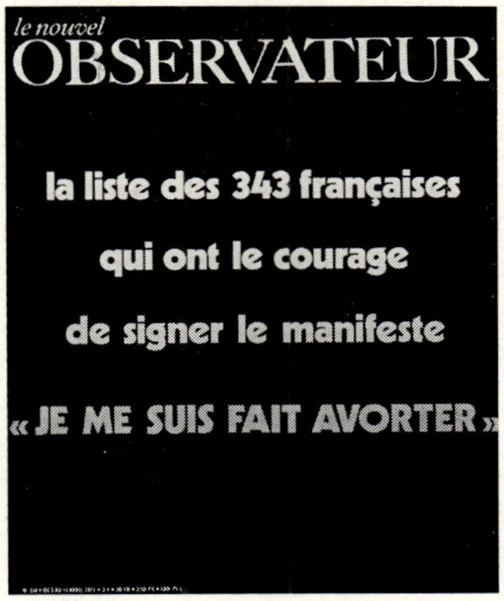

Der alljährliche Renntag im britischen Ascot ist nicht nur beliebter Treffpunkt der Turffreunde, sondern auch ein Markt der Eitelkeiten. Mrs. Gertrude Shilling, bekannt für Extravaganzen, lenkte dieses Jahr die Fotografen von den teuren Pferden und Spitzenjockeys ab: Sie erschien mit einem mehr als meterhohen Hut aus Leopardenfell, gekrönt von einem Giraffenkopf, in dessen Maul ein Blumenstrauß steckte. Dazu ein bodenlanger Mantel, ebenfalls echt Leopard.

Borussia Mönchen-Gladbach wurde wieder deutscher Fußballmeister. Nach einem 4 : 1 Erfolg im letzten Spiel der Saison gegen Eintracht Frankfurt waren die Borussen Tabellenführer. Nur knapp dahinter Bayern-München. Günter Netzer, Kapitän der Gladbacher, empfing von DFB-Präsident Dr. Hermann Gösmann die begehrte Meisterschaftstrophäe. —

In der Bundeswehr gab es erbitterte Debatten um Haareslänge. Viele der Wehrpflichtigen lehnten es ab, die im Privatleben geliebte Haartracht auf Bundeswehr - Einheits - Länge kürzen zu lassen. Die Heeresführung hatte ein Einsehen und erließ eine »Haarverordnung«: Lange Haare sind erlaubt, allerdings muß während des Dienstes — aus »Sicherheitsgründen« — ein Haarnetz getragen werden.

Mies van der Rohe hat sie »Meisterwerke der Stahlkonstruktion im 19. Jahrhundert« genannt; für Emile Zola waren sie der »Bauch von Paris«. Trotz heftiger Proteste der Bevölkerung werden die »Hallen« abgerissen. Wo bis vor zwei Jahren noch der Großmarkt stattgefunden hatte, war in der Zwischenzeit ein Kunst- und Vergnügungszentrum entstanden. Jetzt sollen hier Tiefgaragen, Hotels und Kaufhäuser gebaut werden. Mit den Hallen verliert Paris ein Stück seiner Atmosphäre und eine Touristenattraktion.

Nach Maxi, Midi, Mini und heißen Höschen haben die Modemacher für Teens und Twens und Dreißigjährige eine neue Richtung kreiert: den Military Look — und viele machen dabei mit. Obgleich sie gegen den Krieg demonstrieren, steigen auch Europas junge Frauen jetzt in martialisch wirkende Jacken und Hosen aus US-Beständen. Kaufhäuser und Boutiquen bieten dazu Stiefel, Gürtel und militärische Rangabzeichen an. Für den Psychologen Hofstätter ist diese Mode »eine Demonstration der Emanzipation«.

Politik und Revolution sind vergessen, die Hochkonjunktur der Sexualliteratur hat ein Ende. Die neuen Trends heißen Jesus, Love, Romantik und Weltschmerz. Von Los Angeles über Berlin bis Tokio reicht die apolitische Jugendbewegung. Die Kommunarden ziehen aufs Land und suchen Romantik. Für amerikanische Hippies ist Jesus »besser als jeder

joint«. In Deutschland unterstützen linke Gruppen die Aufklärungskampagnen der Behörden gegen Drogenkonsum. Die Motive auch fortschrittlicher Filmemacher sind Weltflucht und Weltschmerz, das »Taschentuchkino« hat Hochsaison. Der »Heuler« des Jahres aber ist die »Love Story«. Im Frühjahr 1970 ist der Roman von Erich Segal in USA erschienen, im Sommer dieses Jahres kamen beinahe gleichzeitig Buch und Film auf den deutschen Markt. Insgesamt 11 Millionen Exemplare des Buches wurden bislang verkauft, und der Film scheint alle Rekorde zu schlagen: die US-Einnahmen belaufen sich schon jetzt auf 32 Millionen Dollar.

Sie verehren selbstgebastelte Kruzifixe und sagen: »Jesus ist groß.« Auf ihren Pullovern ist »Jesus« eingestickt, Abziehbilder von Jesus hängen in ihren Zimmern. Vom Pazifischen Ozean bis zur Havel lassen sich Jugendliche taufen. Die Rebellen sind fromm geworden, denn Jesus ist »der letzte Schrei«.

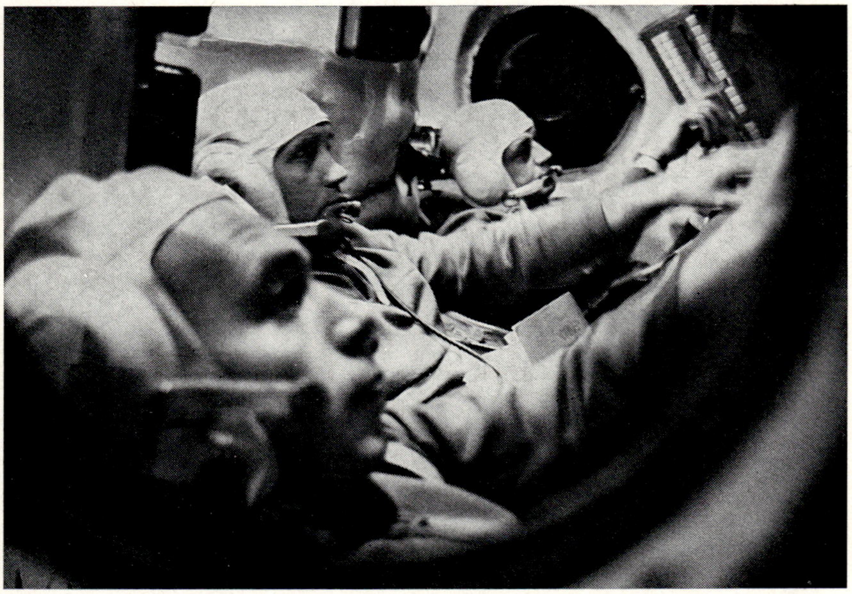

Zusammen mit vier hohen Offizieren trägt die sowjetische Führung auf einem Traggestell drei »Helden der Nation« zu Grabe: Breschnew geleitet die Urne Georgij Dobrowolskis, Kossygin die Viktor Pazajews und Podgorny die Urne von Wladislaw Wolkow unter den Klängen des Trauermarsches von Chopin zur letzten Ruhestätte an der Kremlmauer. Damit nahm Rußland Abschied von den drei Kosmonauten des Raumfahrtunternehmens »Sojus 11«. Dobrowolski, Pazajew und Wolkow waren am 6. Juni gestartet und hatten einen Tag später ihr Raumschiff »Sojus 11« mit dem Laboratorium »Saljut« zur ersten wissenschaftlichen Raumstation zusammengekoppelt. Als sie am 29. Juni ihr Unternehmen beendeten und zur Landung ansetzten, hatten sie mit 23 Tagen und 18 Stunden einen neuen Rekord im bemannten Raumflug aufgestellt. Als die Bergungsmannschaft die Kosmonauten nach der Landung tot in ihrer Kapsel auffand, vermuteten Wissenschaftler in Ost und West, daß diese Katastrophe durch die außerordentliche Belastung der Organe oder aber durch einen technischen Defekt zu erklären wäre. Nach einer genauen Untersuchung wurde die Ursache festgestellt: Beim Abkoppeln des Schiffes von der Raumstation war eine Luke nicht vollständig geschlossen worden. Die plötzliche Druckveränderung beim Eintreten in die Erdatmosphäre hatte zu einer Embolie geführt. Damit hat die Sowjetunion vier Kosmonauten bei Weltraumflügen verloren; 1967 war Oberst Komarow mit »Sojus 1« abgestürzt.

Nur 27 Tage nach der sowjetischen Katastrophe in der Steppe von Kasachstan brechen die Amerikaner David R. Scott, Alfred M. Worden und James B. Irwin zum »größten Forschungsvorhaben der Weltgeschichte« auf. So hat die NASA das Mondunternehmen »Apollo 15« genannt. Genau zwei Jahre nach der ersten Landung von Menschen auf dem Mond begann auf Kap Kennedy der Countdown für »Apollo 15«. Bislang haben die Amerikaner 24 Milliarden Dollar für die Erkundung des Alls ausgegeben. »Apollo 15« ist das aufwendigste Unternehmen: es kostet 445 Millionen Dollar. Scott und Irwin sind die ersten Menschen, die eine Autofahrt auf dem Mond unternehmen. – Trotz der Katastrophen und ungeheuren Kosten wollen Russen und Amerikaner die Raumforschung fortsetzen.

Louis »Satchmo« Armstrong, der »König des Jazz«, ist tot. Zwei Tage nach seinem 71. Geburtstag ist er in New York gestorben. Seit einem Luftröhrenschnitt Ende Februar hatte er nicht mehr spielen können. Dennoch hatte er im Mai verkündet, er werde eines Tages wieder Trompete blasen: »Fürs erste habe ich nicht die Absicht, der Band des Erzengels Gabriel beizutreten.« Aber sein Herz machte nicht mehr mit. Der kleine, gedrungene Mann aus den Slums von New Orleans ist für viele Menschen das Symbol für Jazz schlechthin gewesen. Mit seiner »Geliebten«, seiner Trompete, wollte er die Menschen glücklich machen. Und wo er auftrat, wurde »Satchmo« gefeiert. Auf seiner ersten Trompete wurde zu seiner Beerdigung vor Zehntausenden noch einmal gespielt. In New Orleans, wo er am 4. Juli 1900 geboren war, wurde er auch beerdigt. — Seine Frau überlebte ihn nur kurze Zeit: Bei einem Konzert in du Lago erlitt sie einen Kollaps und starb auf der Bühne.

»Was die Schönheit ist, das weiß ich nicht«, hatte Dürer gesagt. Das Catch-Turnier »Albrecht-Dürer-Erinnerungspreis 1971« brachte auch keine Aufklärung über des Meisters Schönheitsideal. Der Grund für diesen Beitrag zum Dürer-Jahr: Albrecht Dürer hat Skizzen zur Selbstverteidigung angefertigt. Obgleich der Schotte Hussey in der dritten Minute des Kampfes gegen Mustafa Shikhane, den Meister des Orients, einen Rachenriß bekam, wurde er Sieger. —
Da die Vatikan-Garde zu großzügig weibliche Blöße in Miniröcken passieren ließ, erhielt Schwester Fiorella einen Sonderauftrag. Die

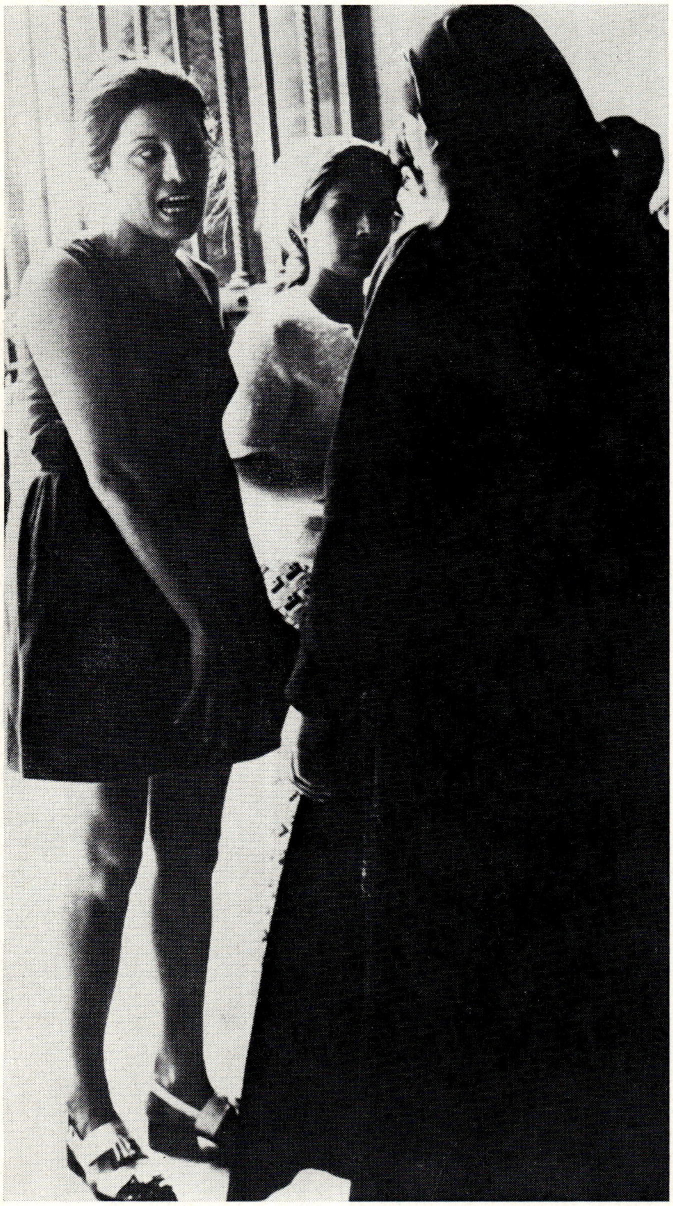

Nonne hinderte fast jede zweite Frau wegen unziemlicher Bekleidung am Besuch des Petersdoms. Nach 14 Tagen erlitt sie einen Nervenzusammenbruch und mußte abgelöst werden. —
Der stärkste Mann der Welt ist der Russe Wassilij Alexejew (29). Mit 640 Kilogramm stellte er bei der Spartakiade in Moskau im Olympischen Dreikampf einen neuen Weltrekord auf. Alexejew hält jetzt alle Weltrekorde seiner Klasse.

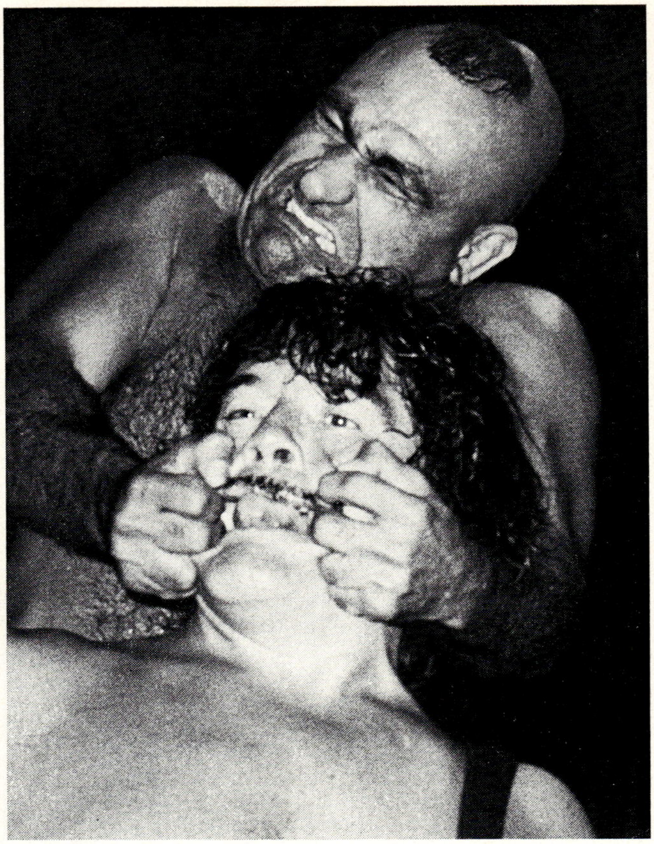

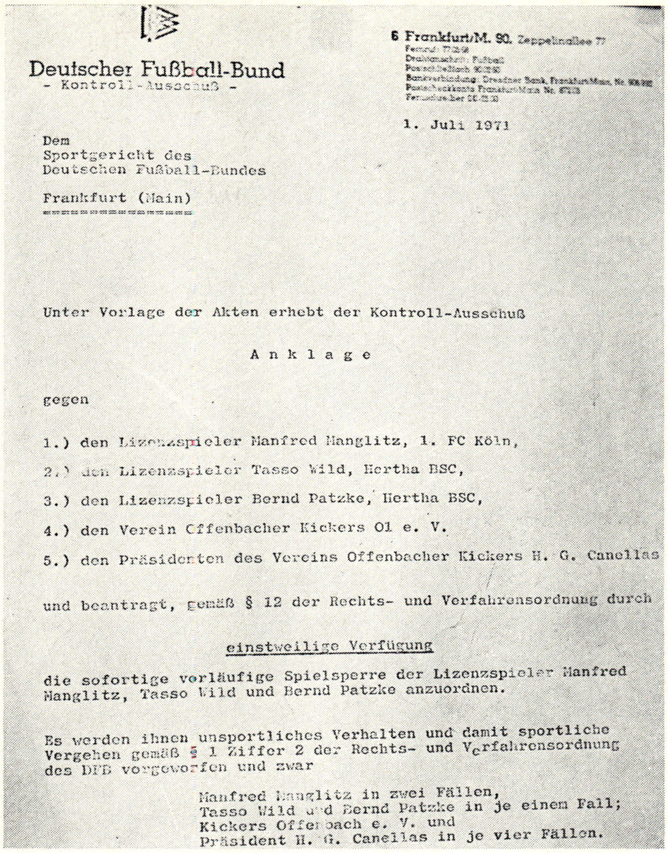

Deutscher Fußball-Bund
- Kontroll-Ausschuß -

6 Frankfurt/M. 90, Zeppelinallee 77

1. Juli 1971

Dem
Sportgericht des
Deutschen Fußball-Bundes

Frankfurt (Main)

Unter Vorlage der Akten erhebt der Kontroll-Ausschuß

A n k l a g e

gegen

1.) den Lizenzspieler Manfred Manglitz, 1. FC Köln,
2.) den Lizenzspieler Tasso Wild, Hertha BSC,
3.) den Lizenzspieler Bernd Patzke, Hertha BSC,
4.) den Verein Offenbacher Kickers 01 e. V.
5.) den Präsidenten des Vereins Offenbacher Kickers H. G. Canellas

und beantragt, gemäß § 12 der Rechts- und Verfahrensordnung durch

einstweilige Verfügung

die sofortige vorläufige Spielsperre der Lizenzspieler Manfred Manglitz, Tasso Wild und Bernd Patzke anzuordnen.

Es werden ihnen unsportliches Verhalten und damit sportliche Vergehen gemäß § 1 Ziffer 2 der Rechts- und Verfahrensordnung des DFB vorgeworfen und zwar

Manfred Manglitz in zwei Fällen,
Tasso Wild und Bernd Patzke in je einem Fall;
Kickers Offenbach e. V. und
Präsident H. G. Canellas in je vier Fällen.

Der Berliner Bernd Patzke (links) darf zehn Jahre nicht Fußball spielen; sein Vereinskollege Tasso Wild (hinter ihm) wurde auf Lebenszeit gesperrt. Ebenso Manfred Manglitz vom 1. FC Köln (rechts). »Kickers«-Präsident Canellas soll zeitlebens kein Amt im deutschen Fußballsport mehr ausüben dürfen. Sein Verein muß trotz der Manipulationen im Abstiegskampf die Bundesliga verlassen. Anklagevertreter Heinz Kindermann hofft, daß nach diesen Urteilen »das Vertrauen in den Volkssport Fußball wiederhergestellt« werden kann.

Horst Gregorio Canellas, Südfrucht-Großhändler und Präsident der Offenbacher Kickers, hat den größten Skandal in der Fußballgeschichte aufgedeckt. Im Abstiegskampf der Bundesliga waren Spieler bestochen und Tore gekauft worden. Canellas: »Wer nicht zahlt, ist draußen.« Zum Beweis veröffentlichte er Tonbandmitschnitte von Telefongesprächen, in denen er Fußballern und Vereinsfunktionären Geld für Sieg oder Niederlage angeboten hatte. Vor dem letzten Spieltag informierte er die DFB-Spitze über die bevorstehenden Schiebungen. Doch die Verbandsoberen wurden erst aktiv, nachdem Canellas an die Öffentlichkeit getreten war. Anfang Juli erhob der Kontrollausschuß Anklage gegen drei Spieler und gegen Canellas und seinen Verein. Das DFB-Sportgericht entsprach den Anträgen.

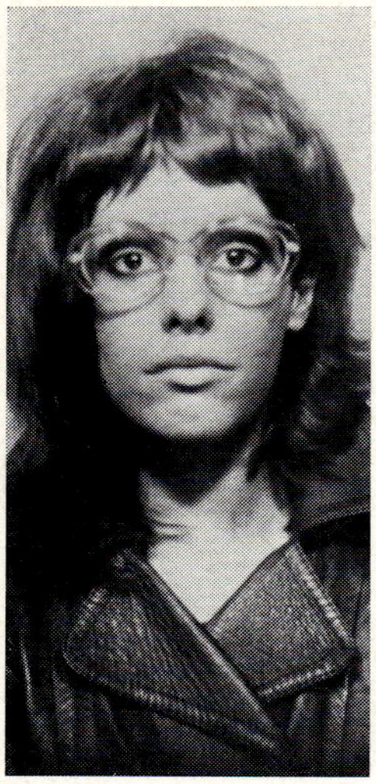

In Schleswig-Holstein, Hamburg, Bremen und Niedersachsen sperrten schwerbewaffnete Polizisten die Ausfallstraßen. Nach offizieller Begründung galt diese Aktion bewaffneten Autodieben. Tatsächlich suchte die Polizei auf Veranlassung der Sicherungsgruppe Bonn und des Generalbundesanwalts Mitglieder der Baader-Meinhof-Gruppe. Die Kontrollen konzentrierten sich auf Fahrzeuge vom Typ BMW, der bevorzugten Marke der Untergrundkämpfer. In Hamburg durchbrach ein blauer BMW eine der zwanzig Straßensperren, er konnte wenig später von einem Polizeifahrzeug gestoppt werden. Die Insassen, ein junger Mann und ein Mädchen, sprangen aus dem Wagen und schossen während ihrer Flucht auf die Polizei. Der 22jährige Werner Hoppe, ein ehemaliger Hafenarbeiter, wurde von der Polizei überwältigt, seine Begleiterin wurde durch einen Kopfschuß getötet. Presseagenturen meldeten zunächst den Tod von Ulrike Meinhof. Doch das Opfer der Schießereien war die 20jährige Berliner Friseuse Petra Schelm, die in der Baader-Meinhof-Gruppe eine untergeordnete Rolle gespielt hatte. Während ihrer Beerdigung in Berlin legten Jugendliche eine rote Fahne auf ihr Grab. In der Stadt kam es zu Demonstrationen. Auf Handzetteln wurde »Rache für Petra« gefordert und »Genscher muß hängen«. Die Fahndungen der Polizei gehen weiter.

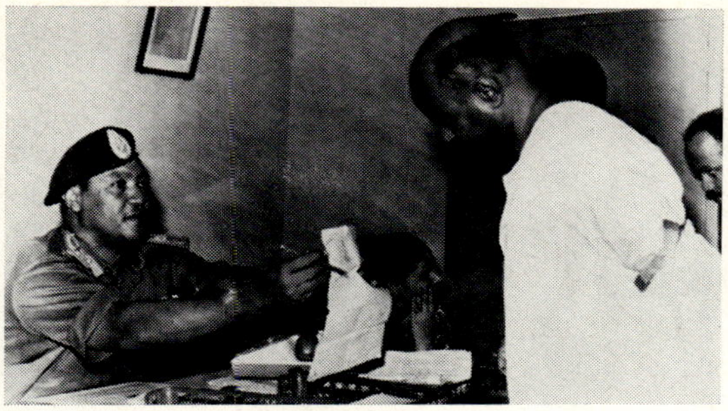

In Afrika wurde innerhalb von vierzehn Tagen in zwei Ländern geputscht, in Marokko und im Sudan. Beide Putsche mißlangen. Im Sudan — dem größten Land des Kontinents — ist General Numeiri inzwischen wieder Staats- und Regierungschef; der Putsch linker Militärs wurde durch einen Gegenputsch niedergeschlagen. Der Kommunistenführer Mahgoub versuchte vergeblich, Präsident Numeiri (Bild oben) seine Unschuld zu beweisen: er und alle Rebellen wurden hingerichtet.

In Marokko wollten die Putschisten das Land in eine Republik umwandeln. Während der Geburtstagsfeier von König Hassan II. von Marokko versuchten etwa 1400 Angehörige einer Unteroffiziersschule in Rabat unter der Führung von hohen Offizieren den Königspalast zu besetzen und Hassan II. zu töten. 70 Menschen fanden dabei den Tod, Hassan konnte sich retten. Nach Militäreinsatz im ganzen Land (Bild unten in der Hauptstadt Rabat) gelang es dem marokkanischen Innenminister General Oufkir, den Aufstand niederzuschlagen. Die Anführer wurden festgenommen und nach einem Schnellverfahren hingerichtet. Von den vier Generalen, die das rechte Bild gemeinsam während einer Parade zeigt, lebt keiner mehr: der königstreue Bouhali (2. v. l.) fiel bei dem Kampf um den Königspalast, die drei anderen (Habibi, Bougrine, Hamou) wurden liquidiert.

Auf den Autobahnen in Richtung Süden kam es wie gewöhnlich zu Beginn der Sommerferien zu Schlangen und stundenlangen Wartezeiten. Bei fast gleichzeitigem Beginn der Ferien in Hessen, Schleswig-Holstein und Niedersachsen waren vor allem die Straßen um Frankfurt überbelastet. –

Während der Autoverkehr nach Süden lief, entgleiste der »Schweiz-Express« Basel–Kopenhagen kurz nach Verlassen des Baseler Bahnhofs auf der Rheintal-Linie bei Rheinweiler (rechts unten). Beim vierten Eisenbahnunglück dieses Jahres in der Bundesrepublik kamen 30 Personen ums Leben, über 100 wurden verletzt. Der Lokomotivführer war zu schnell in eine Rechtskurve gefahren. Daraufhin entgleiste die schwere Lokomotive und riß einige der 14 Wagen eine fünf Meter tiefe Böschung hinunter, wobei auch ein am Bahnkörper stehendes Wohnhaus zerstört wurde. –

Dieses außergewöhnliche Foto hält die bisher größte Flugzeugkatastrophe fest: Auf dem Flug von Sapporo nach Tokio hatte ein Düsenjäger eine Verkehrsmaschine vom Typ Boeing 727 gerammt, und beide Maschinen stürzten in einem Feuerball vom Himmel. 162 Menschen kamen ums Leben. Der Pilot des Düsenjägers konnte sich mit dem Schleudersitz retten.

Vor rund 20 000 Teilnehmern am Deutschlandtreffen der Schlesier in München sprach sich bei der Hauptkundgebung Dr. Herbert Hupka (SPD) gegen eine Verteufelung der Vertriebenen aus. Hupka, Vorsitzender der Schlesischen Landsmannschaft, lehnt den deutsch-polnischen Vertrag ab. Die weiteren Forderungen der Schlesier trugen Jugendliche und Erwachsene auf Schildern und Spruchbändern über das Münchener Messegelände: »Noch nie ist der Frieden durch Schwäche gerettet worden«, »Verzicht ist Verrat« und »Oder-Neiße niemals Grenze« (Bild links). – In Berlin wurde der NS-Opfer und der ermordeten Kommunisten Rosa Luxemburg und Karl Liebknecht gedacht: am 16. Jahrestag des Aufstandes gegen Hitler enthüllte der Bürgermeister des Westberliner Bezirks Wilmersdorf im Wappenhof des Rathauses den Gedenkstein, mit dem an die Toten des 20. Juli 1944 und die anderen Opfer der nationalsozialistischen Willkür erinnert werden soll. – Der Bürgermeister des Bezirks Tiergarten ehrte mit dem Aufstellen einer Gedenktafel am Landwehrkanal Rosa Luxemburg und Karl Liebknecht, die »Vorkämpfer für Frieden, Demokratie und Sozialismus«.

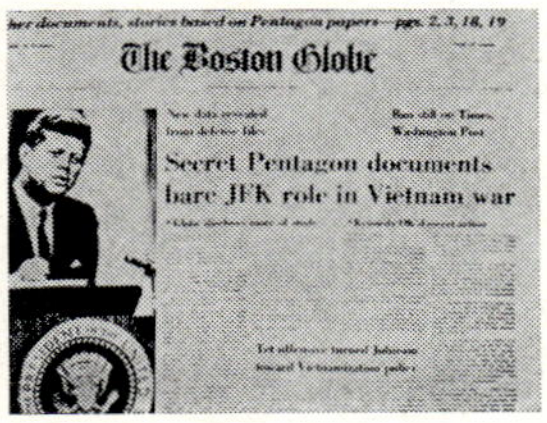

1967 hatte US-Verteidigungsminister McNamara eine Untersuchung über das amerikanische Engagement in Vietnam in Auftrag gegeben. Einer der Mitverfasser, Professor Daniel Ellsberg, gab jetzt die streng geheime Pentagon-Studie weiter. Die Teilnahme am Vietnam-Krieg hatte aus dem »Falken« Ellsberg eine »Taube« gemacht. Mitte Juni druckte die »New York Times« Auszüge und enthüllte, daß die USA nicht unschuldig in den Vietnam-Krieg »hineingeschlittert« waren. Es kam zum schwersten Konflikt zwischen Regierung und Presse in der amerikanischen Geschichte. Die Nixon-Regierung erwirkte eine einstweilige Verfügung gegen die »New York Times«. Aber andere Zeitungen führten die Serie »im Interesse der Menschen dieses Landes« fort. Der Oberste Gerichtshof der USA entschied zwei Wochen später, daß die Presse die Veröffentlichung fortsetzen dürfe. William Frazee, Druckerchef der »Washington Post«, feierte Anfang Juli das Urteil als Sieg der Presse über das Pentagon. – Präsident Nixon wollte die monatelang schwelende Dollar-Krise beenden. Doch mit der Aufhebung der freien Konvertierbarkeit von Gold und Dollar zerstörte er ein Symbol amerikanischer Weltmacht. Weitere Maßnahmen: ein Lohn- und Preisstopp für 90 Tage und eine Erhöhung der Importsteuer um 10 %. Wirtschaftsführer und Finanzexperten in der ganzen Welt reagierten mit Skepsis und Nervosität. Devisen-Börsen wurden zeitweilig geschlossen.

In Oakland in Kalifornien tragen sechs Männer den Sarg von George Jackson zu Grabe. Er ist in eine Fahne mit dem Black-Panther-Emblem gehüllt, denn gemeinsam mit den Black Panthers hatte George Jackson für die Rechte der Schwarzen Amerikas gekämpft. Bei einem Fluchtversuch soll er nach Angaben der Gefängnisleitung erschossen worden sein. Sein Anwalt und seine Freunde halten Jackson jedoch für zu intelligent, einen derartig aussichtslosen Versuch unternommen zu haben. Sie vermuten, daß er ermordet wurde. George Jackson war 1960 im Alter von 18 Jahren wegen eines Diebstahls von 70 Dollar zu einer nicht näher bestimmten Gefängnisstrafe zwischen einem Jahr und lebenslänglich verurteilt worden. Während seines beinahe zehnjährigen Aufenthalts im berüchtigten Soledad-Gefängnis entwickelte er sich zum Revolutionstheoretiker und schrieb ein Buch über Rassendiskriminierung, das ein Bestseller wurde. Im Zuchthaus von San Quentin wartete er später auf seinen Prozeß wegen der Ermordung eines Aufsehers. — Im August 1970 war sein 17jähriger Bruder Jonathan in eine Gerichtsverhandlung eingedrungen und hatte den Richter, Geschworene und Zeugen als Geiseln gefangengenommen. Er wollte sie gegen seinen gefangenen Bruder eintauschen, aber der Plan mißlang. Jonathan Jackson, seine Helfer und der Richter starben beim Schußwechsel mit der Polizei. Durch Jonathans Tod kam die amerikanische Polizei auch auf die Spuren der schwarzen Bürgerrechtskämpferin und Philosophie-Professorin Angela Davis, die zwei Monate zuvor gemeinsam mit Jonathan für die farbigen Gefangenen im Soledad-Gefängnis demonstriert hatte. Diese Anstalt wird von den Insassen »Schule der Gladiatoren« genannt, weil dort mit Wissen der weißen Beamten regelmäßig heftige Zusammenstöße zwischen schwarzen und weißen Gefangenen stattfinden. In seinem Buch schreibt George Jackson, daß er dort »aus rassischen Gründen tausendfach überfallen« wurde. Auch Angela Davis sitzt heute im Gefängnis. Die Anklage lautet auf Mord und bewaffneten Menschenraub, denn sie soll die Waffen für Jonathan Jacksons Überfall beschafft haben. Die Verhandlung hat noch nicht begonnen.

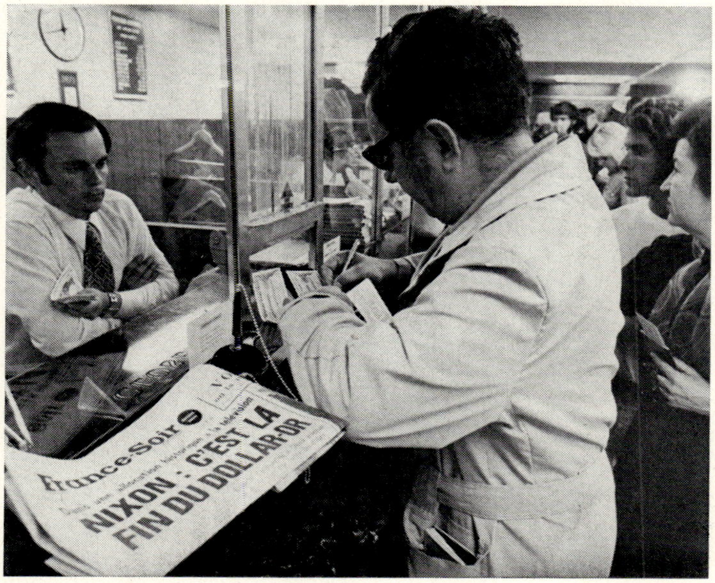

Das älteste Volksschauspiel Deutschlands ist der »Drachenstich« in Fürth im Wald. Es wird jedes Jahr im August aufgeführt. Den geschichtlichen Hintergrund für dieses beliebte Festspiel bildet eine Schlacht während der Hussitenkriege im August 1431. —
Ein 5 Tonnen schwerer massiver Jade-Block stellte vier amerikanische Sporttaucher vor Probleme: Als sie den Stein in monatelanger Arbeit und mit einem Kostenaufwand von 30 000 Mark aus dem Pazifik geborgen hatten, konnten sie keinen Käufer finden. Jetzt wollen sie das auf 700 000 Mark geschätzte Stück einem Museum anbieten.

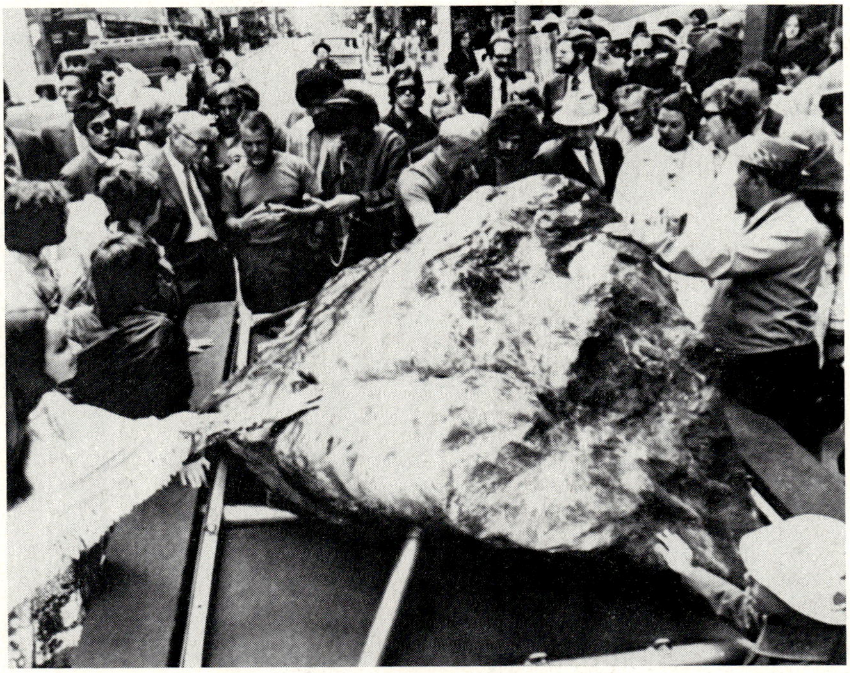

Kriminal-Altmeister Alfred Hitchcock (»Seine Leichen sind die besten«) nutzte bei den Dreharbeiten zu seinem neuen Thriller »Frenzy« wieder einmal die Gelegenheit zu einem kurzen Auftritt: In London trieb er als aufgedunsene Leiche in der Themse. Für diesen Part hatte sich Hitchcock allerdings ein Double aus Plastik anfertigen lassen. —

Den 33. Grand Prix auf dem Nürburgring gewann der 32jährige Weltmeister von 1969, Jackie Stewart. In der Weltmeisterschaftswertung führte er danach überlegen mit 71 Punkten vor dem Belgier Jacky Ickx, der 19 Punkte gewann. Das Fischaugenfoto zeigt Jackie Stewart in seinem Tyrrel-Ford.

Als eine »gespenstische Mischung von Chikago und Oktoberfest« wurde der Bankraub in München-Bogenhausen bezeichnet. Am 4. September betraten kurz vor Geschäftsschluß der 31jährige Georg Rammelmayr und sein sieben Jahre jüngerer Komplice Dimitri Todorov die Filiale der Deutschen Bank. Bis auf den Kassierer, zwei Angestellte und zwei Kundinnen schickten die bewaffneten Gangster alle Anwesenden fort. Wenig später informieren Rammelmayr und Todorov telefonisch die Polizei und stellen ihre Forderungen: bis abends 22 Uhr verlangen sie 2 Millionen Mark, einen viertürigen BMW als Fluchtwagen und die Zusicherung des freien Abzuges. Und sie drohen mit Vergeltungsmaßnahmen an der Bevölkerung durch die »Rote Front«, falls Bank und Polizei das Ultimatum nicht einhalten. Wie sich erst später herausstellt, ist die Organisation »Rote Front« von den Gangstern erfunden worden, »weil die Leute linke Anschläge gewohnt sind«. Während noch ein Polizist mit dem Megaphon den Gangstern zuruft, daß ihre Forderungen erfüllt werden, riegeln acht Hundertschaften Polizei den Bezirk ab. Scharfschützen beziehen versteckt ihre Stellungen. Film und Fernsehen sind zugegen und halten den Höhepunkt des Dramas fest. Kurz vor Mitternacht läßt Rammelmayr den Kassierer das Geld und die Geisel Ingrid Reppel zum Auto bringen. Als er selbst einsteigt, eröffnet die Polizei das Feuer auf Rammelmayr, obgleich das Gesetz der Polizei verbietet zu schießen, wenn Unbeteiligte gefährdet werden. 200 Schuß werden insgesamt abgegeben. Rammelmayr und die Bankangestellte Ingrid Reppel werden tödlich verletzt. Kurz darauf stürmt die Polizei die Bank und überwältigt Todorov. – Der Einsatz der Münchner Polizei wurde in der Öffentlichkeit heftig kritisiert. Oberstaatsanwalt Sechser hat nach eingehender Erörterung der Lage mit Polizeipräsident Schreiber und Bürgermeister Steinkohl Schießbefehl gegeben. Die Behörden untersuchen jetzt, ob Staatsanwalt Sechser überhaupt das Recht hatte, das Kommando zu übernehmen. Der Publizist Otto Köhler kommentierte bitterböse, die Polizei habe »unter minimalem Verlust von Menschenmaterial die zwei Millionen der Deutschen Bank gerettet«.

23.50 Uhr Der Bankkassierer Ludwig Kelnhofer verläßt zunächst mit dem Geld aus dem Banktresor das Gebäude und geht zum Fluchtauto. Die Geisel Ingrid Reppel folgt ihm. Die Gangster haben sie an den Händen gefesselt und ihr eine schwarze Maske über den Kopf gestülpt. Rechts neben dem Eingang zur Bankfiliale lehnt der Sack mit den 2 Millionen Mark Lösegeld.

23.55 Uhr Kelnhofer hat den Geldsack auf den Rücksitz des BMW geworfen und schließt hinter der vermummten Kollegin die Tür vom Beifahrersitz. Dann geht er zurück, holt das Lösegeld und wirft den Sack ebenfalls auf den Rücksitz.

23.56 Uhr Der Kassierer kehrt – wie von den Gangstern befohlen – zum Bankeingang zurück. Dort wartet bereits Rammelmayr mit einer Maschinenpistole in der linken und einer Pistole in der rechten Hand. Er trägt eine rote Kapuze über dem Kopf. Hinter ihm die zweite Geisel Elke Schmitz.

0.05 Uhr Die Polizei hat geschossen. Ein Beamter zieht den tödlich verletzten Rammelmayr hinter dem zerschossenen BMW hervor, wo zwei Polizisten Dekkung genommen haben. Ingrid Reppel ist ebenfalls schwer getroffen.

0.10 Uhr Nach heftigem Schießen dringen bewaffnete Beamte durch die zerschlagenen Scheiben in die Bank ein, wo sich der zweite Gangster Todorov mit den übrigen Geiseln aufhält. Gleichzeitig schießen Polizisten die eisenbeschlagene Hintertür auf.

0.20 Uhr Die Polizei hat Todorov, der die Geiseln unbehelligt ließ und sich nicht wehrte, gefangengenommen und führt ihn ab.

0.30 Uhr Rammelmayr konnte von den Ärzten nicht gerettet werden. Er wird aus dem Notarztwagen ausgeladen und tot abtransportiert. Wenig später stirbt auch Ingrid Reppel in einem Krankenhaus.

16 Monate lang suchten die für Berlin zuständigen Botschafter der Großmächte im alliierten Kontrollratsgebäude nach einer »befriedigenden Berlin-Regelung«. Dann konnten Berliner Zeitungen in großen Schlagzeilen den erfolgreichen Abschluß der Verhandlungen melden (siehe Seite 5). Die Viermächte-Vereinbarung soll neue Berlin-Krisen verhindern und wird von den Beteiligten als ein »Symbol der Entspannung« gewertet. Eines der Ergebnisse: die Mauer wird für Westberliner durchlässiger. Nur wenige Male hatten die Ostberliner Behörden die Mauer geöffnet; seit 1966 sind keine Passierscheine mehr ausgegeben worden, obwohl alle Jahre wieder darüber verhandelt wurde.

Am 13. August 1961, vor zehn Jahren, begann mit Stacheldrahtverhauen die totale Abriegelung West-Berlins. In den Wochen danach wurden diese provisorischen Grenzsperren durch eine massive Mauer ersetzt, die die ehemalige Reichshauptstadt heute auf 45 Kilometer Länge zerteilt. Am 20. August 1961 besuchte US-Vizepräsident Johnson Berlin und demonstrierte die Machtlosigkeit der Vereinigten Staaten. Zehntausende von Touristen haben inzwischen die häßlichste Attraktion der Stadt besichtigt. Beinahe 100 Menschen starben bei dem Versuch, diese Grenze zu überwinden. Der 10. Jahrestag des »antifaschistischen Schutzwalls« wurde in Ostberlin mit einer Parade der Betriebskampfgruppen gefeiert. In West-Berlin kam es zu vereinzelten Demonstrationen gegen die Mauer; kommunistische Gruppen formierten sich daraufhin zu einer Gegendemonstration.

Eine der meistdiskutierten Forderungen des Jahres war die nach Umweltschutz. Unsere Abfälle werden zu Problemen. Millionenbeträge werden für die Beseitigung investiert, Milliarden aber werden benötigt. — Beinahe zwei Meter hohe Schilder müssen sich die örtlichen Ordnungsbehörden in Nordrhein-Westfalen zulegen. Die Fotomontage (Bild rechts) zeigt, wie in Zukunft vor Smog gewarnt werden soll. Doch Gefahr droht nicht nur aus der Luft. Ein südpfälzisches Speditionsunternehmen hat in einer Müllkippe bei Hanau 80 Fässer mit stark cyanidhaltigen Härtesalzen abgelagert. Es war eine Frage der Zeit, bis die Behälter durchgerostet wären und das Grundwasser mit Blausäure verseucht hätten. Ein Zehntel Gramm dieses Giftes reicht aus, um einen Menschen zu töten. — Wo Rauchen polizeilich verboten ist, dürfen Farbenfabriken — wie in Hirschlanden bei Leonberg — mit Erlaubnis des Bürgermeisteramtes Lackreste mit stark reizender Rauchentwicklung verbrennen, so daß die Bürger des Ortes kaum auf die Straße können. — Was noch vor Jahren als Wahlpropaganda belacht wurde — die Forderung nach »Blauem Himmel« — ist heute bitterer Ernst geworden. — Beim Ratzeburger Klärwerk fließt ständig eine trübe Brühe in den See, aus dem Trinkwasser für die Stadt entnommen wird. — In Bern demonstrierte der Konzeptkünstler Bernd Löbach, wie Probleme unserer Umwelt bewußt gemacht werden können. Er führt vor, wie wenig »saubere Luft« wir atmen können.

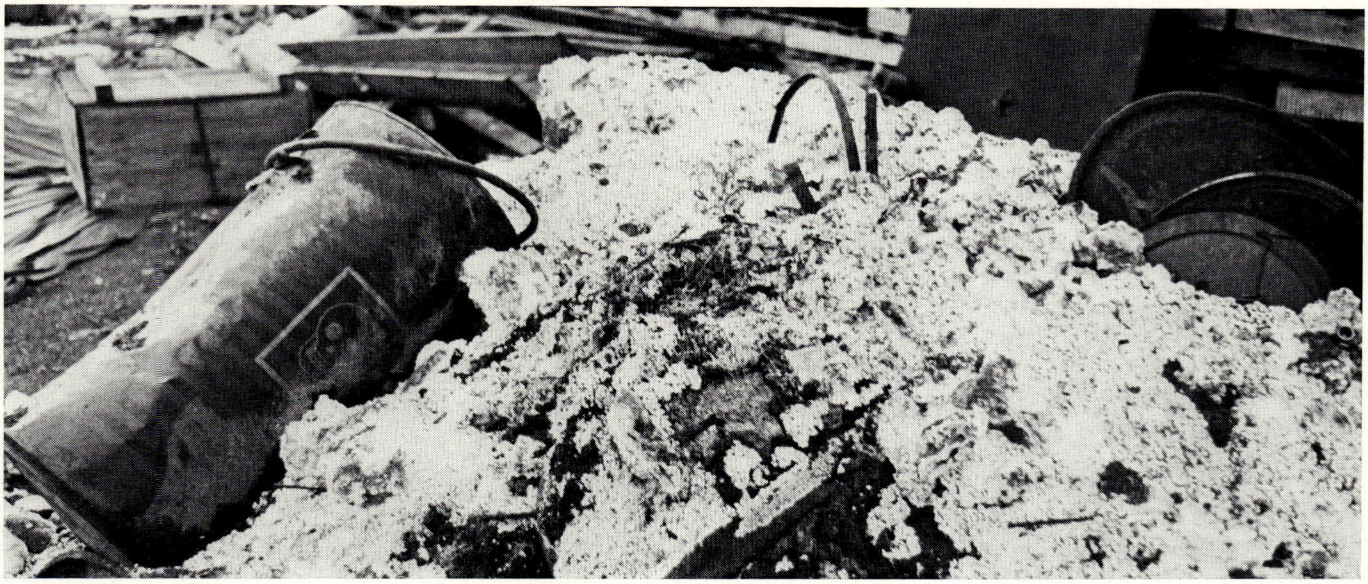

Jugoslawiens Staatschef Tito empfing in seiner Sommervilla auf Brioni die Hollywood-Größen Richard Burton und Elizabeth Taylor. In einer jugoslawischen Filmproduktion soll Burton den ehemaligen Partisanenführer Josip Broz alias Tito darstellen. Seine Frau Liz wird eine Partisanin spielen. Nach dreitägigem Besuch auf der Adria-Insel bei Hummer und kroatischem Wein Jahrgang 1892 — dem Geburtsjahr des Marschalls — war der KP-Chef und Burton-Fan überzeugt, daß er richtig verkörpert wird. Zum Abschied schenkte Tito Liz Taylor eine diamantenbesetzte Zigarettenspitze aus seiner Partisanenzeit. Tito gab seinem Darsteller Burton Regieanweisungen mit auf den Weg. Die Dreharbeiten in Dubrovnik und den Bergen von Montenegro konnten beginnen.

Die größte Schiffskatastrophe des Jahres ereignete sich in der italienischen Adria vor der Küste von Brindisi: Das 11 400-Tonnen-Fährschiff »Heleanna« brannte aus. Ursache für den Brand, der sich rasch über das ganze Schiff ausgebreitet hatte, war eine Explosion in der Schiffsküche. An Bord des griechischen Schiffes waren etwa 1100 Passagiere — 500 mehr als zugelassen. Alarm wurde zu spät gegeben. Die zwölf Rettungsboote reichten nur für 600 Menschen. Nur acht Boote kamen zu Wasser — und eins davon belegte die Besatzung. 25 Passagiere fanden in den Flammen und im Wasser den Tod, Hunderte wurden verletzt. Den Sachschaden schätzen Experten auf zehn Millionen Mark, wobei das ausgebrannte Fährschiff noch nicht berücksichtigt ist. Der Kapitän Dimitrios Antypas wurde beim Versuch, nach Griechenland zu fliehen, von der italienischen Polizei verhaftet.

Anne Elizabeth Alice Louise, Prinzessin von Großbritannien und Nordirland, wurde der Nation aus Anlaß ihrer Volljährigkeit in eisgrünem Abendkleid vor einem eigens für diesen Festtag in Auftrag gegebenen Gemälde präsentiert. Im Hintergrund trägt ein Schimmel ihre Standarte. Vom 15. August an wird sie eine Apanage von rund 100 000 Mark pro Jahr erhalten. Ferner wird das Parlament ihr einen Betrag für »öffentliche Aufgaben« bewilligen, dessen genaue Höhe noch nicht feststeht – man spricht von 50 000 Mark jährlich. Anfang September sorgte Prinzessin Anne für eine Überraschung: Gegen schwerste Konkurrenz gewann sie einen Titel. Anne Windsor, so lautet ihr Reitername, siegte in Burghley in der Europameisterschaft der Military-Reiter. Gegen den Willen ihres Vaters Prinz Philip hatte sie sich zum Turnier gemeldet. Aus den Händen ihrer Mutter Königin Elizabeth nahm sie den Pokal entgegen.

Barrikadenreste, Kleiderfetzen, ein »Schützengraben« – das sind die Reste, die an die mehrtägige Revolte im New Yorker Gefängnis »Attica« erinnern. Die 1200 meist farbigen Häftlinge hatten Wärter als Geiseln festgehalten, um ihren Forderungen nach gerechter Behandlung, Religionsfreiheit, besserem Essen, besseren Unterkünften und höherem Arbeitslohn Nachdruck zu verleihen. 1700 Polizisten wurden gegen die Aufständischen eingesetzt. Die »Attica«-Rebellion endete als blutigster Gefängnisaufstand der amerikanischen Geschichte. Im Kugelhagel der Polizei starben 32 Gefangene und zehn Wärter. Für den demokratischen Senator Edmund Muskie ist die »Attica-Tragödie ein weiterer Beweis dafür, daß in Amerika etwas schrecklich falsch ist«. Präsident Nixon bezeichnete die amerikanischen Gefängnisse als »Universitäten des Verbrechens«. –

Benommen und mit blutverschmiertem Hemd, aber nur leicht verletzt, sitzt Reinhold Hüls am Rande der Autobahn bei Hasloh nördlich von Hamburg. Er ist der Pilot der Chartermaschine vom Typ BAC 1-11, die auf einem Spanien-Flug wenige Minuten nach dem Start vom Hamburger Flughafen notlanden mußte. Hüls hatte seine mit 121 Personen voll besetzte Maschine sicher auf der Autobahn unter einer Hochspannungsleitung durchrollen lassen können, aber beim Abbremsen scherte der Jet aus, zerschellte an einer Brücke und brannte aus. Hüls konnte aus der vom Rumpf getrennten Kanzel geborgen werden. Seinem Geschick schreiben es Fachleute zu, daß eine größere Katastrophe verhindert wurde: 100 Passagiere überlebten. Nie zuvor in der Fluggeschichte war eine Notlandung unmittelbar nach dem Start so »glimpflich« verlaufen. Als Ursache für das Unglück ermittelte das Luftfahrtbundesamt: Statt Kühlwasser war Kerosin in die Motoren gepumpt worden. Einen Monat nach dem Absturz der Maschine mußte die Chartergesellschaft Paninternational ihren Flugbetrieb einstellen. Geschäftspartner hatten ihre Rechnungen präsentiert. Die Gesellschaft wurde zahlungsunfähig. Mehr als tausend Urlauber saßen vorübergehend im Ausland fest.

Auf einer Teststrecke bei Orléans hatte der französische Luftkissenzug »Aero Train« mit einer Höchstgeschwindigkeit von 250 Stundenkilometern Premiere für die Fotografen. Ab 1975 soll dieser Zug zwischen der Satellitenstadt Cergy-Pontoise und Paris verkehren. — Mit Molotow-Cocktails und Bambusspeeren kämpften Studenten und Bauern gemeinsam gegen den geplanten Großflughafen Narita, 65 km östlich von Tokio. Die Bauern, denen das Land bei Narita gehört, waren enteignet worden. Sie demonstrierten nicht nur für das

Recht am eigenen Boden, sondern auch gegen Lärm und Umweltverschmutzung durch Düsenflugzeuge. Die japanische Regierung hatte den Bau des Flughafens 1965 beschlossen, weil der Flugplatz Honeda in Tokio (5 Millionen Fluggäste im Jahr) den zunehmenden Verkehr nicht mehr bewältigt. Bei den jüngsten Zusammenstößen kamen drei Polizisten ums Leben. — 45 000 Zuschauer waren versammelt, als in Hamburg die »Tokyo Bay« vom Stapel lief. Mit 57 000 BRT und einer Länge von 290 Metern ist die »Tokyo Bay« das zur Zeit größte Vollcontainerschiff der Welt. Es ist 32 Meter breit und hat einen Tiefgang von 12,20 Metern. Mit zwei Dampfturbinen — Gesamtleistung 80 000 PS — erreicht das Schiff eine Geschwindigkeit von 26 Knoten (fast 50 km/h). 2200 Container kann die »Tokyo Bay« befördern. Sie soll im Frühjahr 1972 im Fernost-Verkehr eingesetzt werden. —

Eine etwa einen Kilometer lange U-Bahn-Teilstrecke mit drei Tunneln war in der Kölner Innenstadt bereits fertiggestellt, als sich die Planer eine neue Streckenführung ausdachten. Die Tunnelöffnungen wurden zugemauert (Bild links). 7 Millionen Mark Baukosten sind verloren. Das Bundesverkehrsministerium prüft zur Zeit, ob die bezahlten Zuschüsse zurückgegeben werden sollen.

Seit 350 Jahren wird überall auf der Welt Shakespeares »Othello« gespielt. Sir Bernard Miles, künstlerischer Direktor des Londoner »Mermaid Theatre«, brachte das Schauspiel in einer neuen Variante: Desdemona wird barbusig von Othello erwürgt. Der geadelte Regisseur fand, das sei durchaus werkgetreu. Tatsächlich fragt im IV. Akt Emilia: »Soll ich Euer Nachtkleid holen?« Desdemona antwortet: »Nein, steck mich hier nur los.« Kristallklar folgerte Sir Bernard: Die losgesteckte Hülle fiel. Von dem Einwand, zu Shakespeares Zeiten habe ein Knabe die Desdemona gespielt, ließ er sich nicht beirren. –

Die höchste Gage, die einer deutschen Schlagersängerin je geboten wurde, erhält die Berlinerin Manuela (Bild unten). Nach neun Jahren bei der Firma »Teldec« wechselte sie mit einem Dreijahresvertrag und einer Garantiesumme von knapp 2 Millionen Mark zur neuen BASF-Musikproduktion.

Um die »Bevölkerung und Touristen aus eingefahrenen Sehgewohnheiten herauszureißen und ihren Blick für die Reste der romantischen Stadt zu schärfen«, hat der bulgaro-amerikanische »Verpackungskünstler« Christo Javascheff im Auftrage der Stadt Monschau die Burgruine des Eifelstädtchens in Plastikfolie eingepackt. In Australien hatte Christo einen ganzen Küstenstreifen verpackt. –

Als »wichtigste Inszenierung« und das »beste Bühnenbild« bezeichneten Kritiker bei einer Umfrage der Zeitschrift »Theater heute« eine Aufführung in der Berliner »Schaubühne am Halleschen Ufer«: Peter Steins Inszenierung von Henrik Ibsens »Peer Gynt« mit Bühnenbildern von Karl-Ernst Herrmann. Im Berliner Stadtparlament hatten Abgeordnete wegen der marxistischen Einstellung des Ensembles Streichung der Subventionen verlangt. –

Theater in der Bundesrepublik verzeichneten – nicht zuletzt wegen der Politisierung des Spielplans – einen Besucherrückgang. Werbegags wie dieser (in Kiel) sollten dem abhelfen.

Als »größten Kunstdiebstahl seit 50 Jahren« bezeichneten Sachverständige den jüngsten Raub von Altartafeln von Vivarini und Bellini (rechts) in Venedig. Die Kunstwerke wurden später unweit der Lagunenstadt wiedergefunden. 1971 wurden in Italien bis August 3000 Kunstdiebstähle registriert. —
Einige Wochen Rätselraten gab es in Belgien um den Diebstahl des weltbekannten Vermeer-Gemäldes »Der Liebesbrief«: Per Telefon forderte der Dieb, der sich »Tyl von Limburg« nannte, 15 Millionen Mark Lösegeld. Damit wolle er zur Linderung des Elends in Ostpakistan beitragen. Die Polizei fand das Bild in einem Speicher. Für „Tyl" gab es in ganz Belgien Sympathiebekundungen.

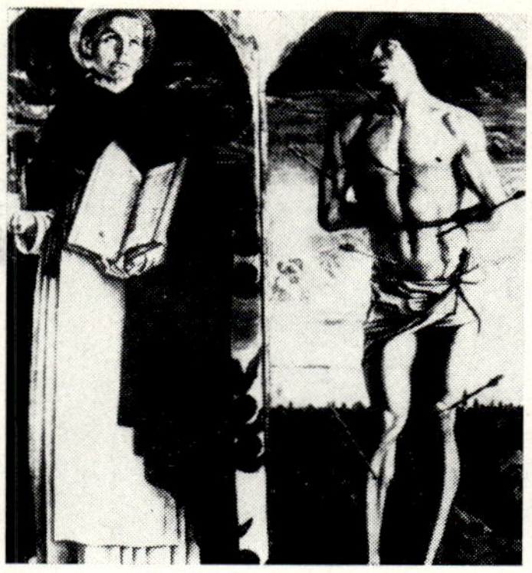

Auf private Initiative ist in Hamburg-Altona eine ehemalige Maschinenfabrik zu einem Kunst- und Kommunikationszentrum umgebaut worden. Anläßlich einer Ausstellung über den griechischen Widerstand gastierte der griechische Komponist und Freiheitskämpfer Mikis Theodorakis (Bild links) in der »Kunst-Fabrik«. —
Beim zweiten Internationalen Dirigentenwettbewerb der Herbert-von-Karajan-Stiftung wurden die meisten der 82 Kandidaten schon nach dem Studium ihrer Bewerbungsunterlagen abgelehnt. Karajan verlangte jedoch »Hör-Stichproben« von den Abgelehnten. Zu ihnen gehörte auch der spätere 1. Preisträger, der Israeli Gabriel Chmura (rechts).

Von 1953 bis 1964 hat Chruschtschow die UdSSR regiert. Er leitete die Entstalinisierung ein, war Initiator einer friedlichen Koexistenz, beschwor aber mit seiner Kuba-Politik die Gefahr eines dritten Weltkrieges herauf. Als er jetzt auf dem Prominentenfriedhof Nowo-Djewitschi beerdigt wurde, waren nur Freunde und Verwandte anwesend. Der Kreml hatte kein Staatsbegräbnis angeordnet. Die »Prawda« meldete zwei Tage verspätet: »Das Zentralkomitee und die Kommunistische Partei der UdSSR geben mit Bedauern bekannt, daß am 11. September 1971 nach langer und beschwerlicher Krankheit der ehemalige Erste Sekretär des Zentralkomitees und Vorsitzende des Ministerrats im Ruhestand, der verdiente Pensionär Nikita Sergejewitsch Chruschtschow, im 78. Lebensjahr verschieden ist.«

Unter strengen Sicherheitsvorkehrungen trat Bundeskanzler Brandt seine Reise auf die Krim an. Er traf mit dem sowjetischen Parteichef Breschnew an historischer Stätte zusammen: in Oreanda, einem Vorort von Jalta. In Jalta konferierten vor 26 Jahren Churchill, Roosevelt und Stalin und teilten das besiegte Deutschland auf. Ungezwungen und »in voller Loyalität zu ihren Bündnispartnern« verhandelten Brandt und Breschnew 16 Stunden miteinander. Das Kommuniqué dokumentiert den beiderseitigen Wunsch nach regelmäßigen Konsultationen. Die Politiker vereinbarten die beschleunigte Einberufung einer europäischen Sicherheitskonferenz, die Aufnahme beider deutschen Staaten in die UNO sowie die baldige Ratifizierung des Moskauer Vertrages. Zum Abschied drückte Breschnew auch dem Luftwaffenmajor die Hand.

Überraschend hat der ungarische Kardinal Jozsef Mindszenty seinen Zwangsaufenthalt in der amerikanischen Botschaft in Budapest beendet. 5441 Tage und Nächte hat der 79jährige Primas der katholischen Kirche von Ungarn dort verbracht. Wie in Rom, dem neuen Exil des Kardinals verlautete, hat Mindszenty Budapest aus freiem Willen und nicht auf Befehl des Papstes hin verlassen. 1949 war Kardinal Mindszenty zu lebenslangem Kerker verurteilt worden, da er von der Kanzel herab den Partei-Terror verurteilt und die ungarischen Katholiken zum Widerstand aufgerufen hatte. Nach seiner Befreiung 1956 bekannte er sich zu den Aufständischen und konnte sich danach vor den sowjetischen Verfolgern nur noch in die Budapester US-Vertretung retten. Hand in Hand mit Papst Paul VI. verließ Jozsef Mindszenty zwei Tage nach seiner Ankunft im Vatikan die Sixtinische Kapelle. Dort hatte der Heilige Vater die Dritte Bischofssynode mit einer Messe feierlich eröffnet.

Kaiser Hirohito (70) ist der erste Monarch in der japanischen Geschichte, der eine Auslandsreise unternimmt. Hirohito – zu deutsch »Edelmut und Tugend« – ist der 124. Sproß einer Dynastie, die über 2631 Jahre auf den legendären Jimmu Tenno zurückreicht. Begleitet von seiner Frau Nagako (68), besuchte der Herrscher sieben westeuropäische Staaten, darunter England, Belgien und die Schweiz. Unter besonderen Sicherheitsvorkehrungen, aber ständig umgeben von Fotografen, unternahm das Kaiserpaar am ersten Tag in Europa eine Stadtrundfahrt durch Kopenhagen und besichtigte die »Kleine Seejungfrau«. Den Abschluß der offiziellen Reise bildete Anfang Oktober der 3tägige Staatsbesuch in der Bundesrepublik. In Vertretung des erkrankten Bundespräsidenten schritt Bundesratspräsident Koschnick an der Seite Hirohitos die Front der Soldaten ab. Auf besonderen Wunsch der Japaner gab es zum Abschluß der Visite eine Rheinfahrt zur Loreley.

Das NATO-Manöver »Reforger III« hat eine traurige Bilanz: Wie die Manöverleitung bekanntgab, kamen zu Beginn der Übung drei amerikanische Soldaten und zwei Bundeswehrangehörige ums Leben. –
Trunkenheit am Steuer löste in London die größte Spionage-Affäre der Nachkriegszeit aus. Der 34jährige Sowjetbürger Oleg Ljalin, Angestellter der sowjetischen Handelsmission, erregte die Aufmerksamkeit der Londoner Verkehrspolizei, als er sich weigerte, sich einem Alkoholtest zu unterziehen. Ljalin wurde verhaftet und gegen eine Kaution von 50 Pfund unter der Bedingung freigelassen, sich Ende September einem Gericht zu stellen. Bereits wenige Tage nach diesem Vorfall erschien Ljalin im Security Service, enthüllte seine Funktion und bat um Asyl. Die Vernehmungen ergaben: Ljalin war Major des KGB und zweitwichtigster Offizier der Sowjetspionage in Großbritannien. Er nannte den Engländern unter anderem die Namen weiterer Agenten. Das Auswärtige Amt verlangte von der sowjetischen Regierung den Abzug von 105 namentlich aufgeführten Sowjetbeamten innerhalb

von zwei Wochen, weil sie durch die Spionage »das Gastrecht mißbraucht« hätten. Trotz Androhung von Repressalien durch Moskau beharrte London auf seiner Forderung. Tagelang wurden vor der Sowjetbotschaft Möbelcontainer beladen. Die Reaktion der Sowjetunion später: 18 Engländer wurden in Moskau zu »unerwünschten Personen« erklärt, Ministerbesuche und Sitzungen abgesagt. –
Seit Anfang des Monats streiken in West-Berlin 1800 im »Marburger Bund« zusammengeschlossene Krankenhausärzte. Ein Klinikaufenthalt sei »für jeden Menschen lebensgefährlich«, denn die Ärzte müßten »bis an den Rand der Erschöpfung« arbeiten. Deshalb boykottieren sie in 27 Anstalten der Zwei-Millionen-Stadt die Verwaltungsarbeiten und leisten später in fünf Krankenhäusern nur noch Notdienst. Für den äußersten Fall haben sie eine weitere Stufe vorgesehen: »Ein hoffentlich nie anzuwendendes Mittel, die totale Arbeitsniederlegung.« Im Bundesgebiet erklären sich in Urabstimmungen beinahe 100 Prozent der angestellten Ärzte zum Streik bereit. In Dortmund (Bild links) gingen 200 Krankenhausärzte auf die Straße.

Das »Tragbare Kriegerdenkmal« und die »Hissung der Flagge auf Iwojima« sind zwei Stücke einer Ausstellung im Wallraf-Richartz-Museum (Bild rechts). Unter dem Motto »Vom Unsinn des Krieges« werden Werke namhafter Künstler der Vergangenheit und Gegenwart gezeigt, außerdem Dokumentationen, Fotos und Waffen. —
Bei den Präsidentschaftswahlen in Südvietnam war Staatspräsident Nguyen Van Thieu (Bild rechts Mitte) der einzige Kandidat. Schon wochenlang waren die Südvietnamesen durch Militär und von Dorfältesten auf Van Thieu getrimmt worden. Man hatte die Wahlberechtigten auch vor Stimmenthaltung gewarnt: Wer nicht zur Wahl gehe, gelte als Vietkong. Durch ein neues Wahlgesetz hatte Van Thieu seinen Gegenkandidaten, den Vizepräsidenten Nguyen Cao Ky (rechts hinter Van Thieu), aus dem Rennen geworfen. Danach hatte auch General Duong Van Minh auf die Bewerbung verzichtet und zum Wahlboykott aufgerufen. Van Thieu gewann 91,51 Prozent der Stimmen und feierte seinen Wahlsieg als einen »Baustein der Demokratie«.

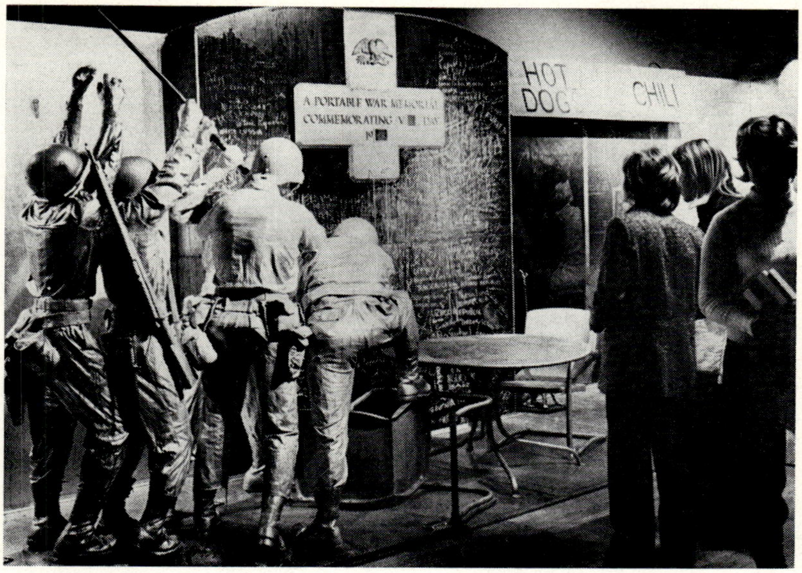

Das Vergnügen hat im Land der unbegrenzten Möglichkeiten eine große Bedeutung. 400 Millionen Dollar wurden in das neue Märchenland »Disney-World« investiert. Bereits am ersten Tage zählte man auf dem größten Rummelplatz der Welt bei Orlando in Mittelflorida 100 000 Besucher. Einschienenbahnen, Eisenbahnen, Seilbahngondeln, Raddampfer und U-Boote, Spielkasinos und Seen mit kilometerlangen Stränden sind auf dem Gelände, das doppelt so groß ist wie Berlin, untergebracht. —
In erster Linie gesellschaftlicher Treffpunkt wird das als nationales Kulturzentrum konzipierte »John F. Kennedy Center« in Washington sein. Das 240-Millionen-Mark-Gebäude enthält eine Opernbühne, zwei Schauspielsäle und ein 210 Meter langes Foyer. Am Tag vor der offiziellen Eröffnung wurde die Oper mit der Premiere einer Messe eingeweiht, die Leonard Bernstein im Auftrag von Jacqueline Onassis, der Witwe John F. Kennedys, komponiert hatte. Alle Kennedys waren erschienen — Jacqueline Onassis nicht. Aus »privaten Gründen« hatte sie abgesagt.

In Schweden können Gymnasiasten jetzt Chinesisch lernen. Als erste Schule des Landes nahm das Skanstull-Gymnasium in Stockholm den Unterricht in chinesischer Sprache auf. Die Lehrerin Cecilia Lindquist bringt ihren Schülern einen Dialekt bei, der in Peking und nördlich des Yangtse-Flusses gesprochen und von etwa 70 Prozent aller Chinesen verstanden wird.

Auf dem 19. Parteitag der Christlich-Demokratischen Union in Saarbrücken ging es um die Nachfolge im Parteivorsitz. Damit sollte zugleich eine Vorentscheidung für die Wahl des Kanzlerkandidaten der Union getroffen werden. Mit 344 von 521 abgegebenen Stimmen wurde Rainer Barzel als Nachfolger Kurt Georg Kiesingers gewählt. Für seinen Gegenkandidaten, den rheinland-pfälzischen Ministerpräsidenten Helmut Kohl, votierten 174 Delegierte. Kohl hatte sich schon früher dafür ausgesprochen, daß der Parteivorsitzende nicht auch Kanzlerkandidat sein sollte. Ex-Außenminister Gerhard Schröder hatte schon vor dem Parteitag seinen Anspruch auf eine Kanzler-Kandidatur aufgegeben. Er wurde als einer der fünf stellvertretenden Vorsitzenden wiedergewählt. Drei Tage nach seiner Wahl wurde Barzel beim Bremer Wahlkampf mit Eiern beworfen.

Mohammed Reza Pahlevi Aryamehr (»Sonne der Arier«), Schah von Persien, rief, und alle kamen in die Gala-Zelte der antiken Ruinenstadt Persepolis zum 2500jährigen Jubiläum der persischen Monarchie: Könige und Kommunisten, Diktatoren und Kardinäle, Scheichs und Rabbiner. In einer großen Parade — von Experten jahrelang vorbereitet — zogen mehr als 2000 Krieger in historischen Waffen und Uniformen aus zweieinhalb Jahrtausend persischer Militärgeschichte an den Ehrengästen vorbei (Bild rechts. Auf der Tribüne von links nach rechts: das belgische Königspaar, das dänische Königspaar, Haile Selassie von Äthiopien, der Schah und Kaiserin Farah, UdSSR-Präsident Nikolai Podgorny, Marschall Tito und Frau). Bonns Abgesandter, Bundestagspräsident von Hassel, saß in einer der hinteren Reihen. Bundespräsident Heinemann hatte wegen einer Augenerkrankung abgesagt. Die teuerste Geburtstagsparty der Weltgeschichte zu Ehren von Kyros dem Großen, der vor 2500 Jahren das Perserreich gegründet hatte und dessen Grabmal in Persepolis steht, hat nach amtlichen Angaben 54,8 Millionen Mark gekostet. Das entspricht dem Jahreseinkommen von 45 648 Iranern. Inoffizielle Schätzungen sprechen allerdings von »mehreren Milliarden«. In der rund 1000 km entfernten Hauptstadt Teheran waren die Schüler und Studenten zum Jubeln aufgerufen. Zu Ehren des Schahs, der Kaiserin und des zehnjährigen Kronprinzen Reza Cyrus, der zuvor von seinem Vater zum Brigadegeneral befördert worden war, fand im Aryamehr-Stadion (Bild rechts) eine Sportschau statt.

Ein guter Anzug kommt selten allein. Es steckt meist ein kluger Mann drin.

Sonnabend, 23. Oktob. 1971 – 30 Pf

Bild

Neues Verbrechen der Baader-Meinhof-Bande: Mörderpaar erschoß Polizisten

Hamburgs Bürgermeister an die Bevölkerung:

Helft die Mörder fangen!

1500 Menschen, darunter 1000 Polizisten aus dem gesamten Bundesgebiet, nahmen an der Beerdigung des vermutlich von Mitgliedern der Baader/Meinhof-Gruppe erschossenen Norbert Schmid teil. Die Schüsse waren gefallen, als der Zivilfahnder in der Nacht zum 22. Oktober in Hamburg eine junge Frau kontrollieren wollte. Die Täter: ein Paar, das die kurz darauf verhaftete Margrit Schiller begleitet hatte. In der Nähe wurden in einer Wohnung, die dem Bänkelsänger Hannes Wader gehört, Waffen und Munition gefunden. Wie die Polizei ermittelte, hatten die zur Baader/Meinhof-Gruppe gehörenden Gudrun Ensslin und Holger Meins dort gewohnt. Margrit Schiller wurde seit dem 26. 9. gesucht, nachdem bei einer Kontrolle auf einem Autobahn-Parkplatz zwei Beamte – vermutlich durch Schüsse ihres Begleiters Holger Meins – verletzt worden waren.

Der Lyriker Pablo Neruda, Botschafter Chiles in Paris, erhielt den Nobelpreis für Literatur. Das Nobel-Komitee ehrte einen überzeugten Kommunisten und Stalinpreisträger – Solschenizyns Ehrung 1970 war in Moskau als Affront empfunden worden. Als die Verbrechen Stalins enthüllt wurden, schrieb Neruda: »Die Sowjetunion ist mein Onkel – es schickt sich nicht für einen Neffen, die Familie zu kritisieren.«

Die Volksrepublik China ist in die Vereinten Nationen aufgenommen worden. Mit 76 gegen 35 Stimmen bei 17 Enthaltungen nahm die UNO-Vollversammlung einen entsprechenden Antrag des albanischen Vertreters (Pfeil) an. Die Abstimmung wurde als schwere Niederlage der US-Diplomatie gewertet, denn die Vereinigten Staaten hatten sich zwar für die Aufnahme Rot-Chinas, doch gleichzeitig für den Verbleib Nationalchinas in der UNO ausgesprochen. Die Delegierten billigten jedoch Peking den Alleinvertretungsanspruch für China zu. Damit ist der 22jährige Streit um die Vertretung Chinas in der UNO, der seit 1950 fast jedes Jahr auf der Tagesordnung gestanden hatte, beendet.

Pablo Ruiz Picasso wurde am 25. Oktober 90 Jahre alt. André Malraux nannte ihn »den außergewöhnlichsten Zerstörer und Schöpfer von Formen unserer Zeit, um nicht zu sagen aller Zeiten«. Picasso ist der produktivste Künstler und bedeutendste Maler des Jahrhunderts. Sein Werk umfaßt an die 50 000 Arbeiten. Erstmals wurden im Louvre in Paris Werke eines lebenden Künstlers ausgestellt: acht Gemälde des in Frankreich lebenden Spaniers. Wie kein anderer Maler hat Picasso Stile entwickelt und beeinflußt. Zu seinen berühmtesten Werken zählt »Guernica« (ganz unten), seine Darstellung des im Spanischen Bürgerkrieg zerstörten Ortes. Am populärsten sind die Bilder aus seiner »Blauen Periode«, wie zum Beispiel sein Sohn Paul als Harlekin.

Urteile über Picasso: Marc Chagall: »Welch ein Genie! Schade, daß er nicht malt.« — Ein Sprecher des vatikanischen Kunstmuseums: »Es wird vielleicht noch 100 Jahre dauern, bis ein Werk Picassos in die vatikanischen Sammlungen aufgenommen wird.« (Bild oben rechts zeigt eine Ausstellung im Papstpalast in Avignon.) — Picasso: »Ich wollte Maler werden, und jetzt bin ich Picasso.«

Zum Ehrenhäuptling »Goldener Adler« wurde der sowjetische Ministerpräsident Kossygin von den Eremiskin-Indianern im kanadischen Indianerreservat bei Edmonton ernannt. Kossygin war am 17. Oktober als erster Moskauer Regierungschef zu einem achttägigen offiziellen Besuch in Kanada eingetroffen. Einen Tag nach seiner Ankunft riß ihm ein etwa 30jähriger Mann das Jackett herunter und rief: »Lang lebe das freie Ungarn!« Kossygin wurde nicht verletzt.

Oslo, 20. Oktober: Aase Linväs, Vorsitzende des Verteilungskomitees des norwegischen Parlaments, verliest die folgende Erklärung: »Das Nobel-Komitee des norwegischen Parlaments hat heute den Friedenspreis an Bundeskanzler Willy Brandt verliehen ... Als Führer der Bundesrepublik Deutschland und im Namen des deutschen Volkes hat Willy Brandt seine Hand zur Versöhnung zwischen Völkern ausgestreckt, die lange Zeit Feinde waren. Im Geiste des guten Willens hat er außerordentliche Ergebnisse bei der Schaffung von Voraussetzungen für den Frieden in Europa erzielt.« Das Komitee würdigte ferner die »konkreten Initiativen« für die politische und militärische Entspannung, die Brandt seit 1966 als Außenminister der Großen Koalition und seit 1969 als Bundeskanzler ergriffen habe.

NOVEMBER 1970

1. Als erster westdeutscher Betrieb führt die Canfield GmbH, eine Fabrik für Kühlschrank-Isolierungen im bayerischen Wolfratshausen, die Vier-Tage-Arbeitswoche ein. — Walter Scheel fährt als erster Außenminister der Bundesrepublik nach Polen. Er leitet die abschließende Verhandlungsrunde über einen deutsch-polnischen Grenz- und Gewaltverzichtsvertrag in Warschau. — Der polnische Staatspräsident Spychalski entgeht nur knapp dem Attentat eines religiösen Fanatikers auf dem Flugplatz von Karachi (Pakistan). Der stellvertretende polnische Außenminister Wolniak wird getötet.

5. Der 90tägige Waffenstillstand am Suezkanal ist offiziell beendet. Israel und Ägypten erklären sich jedoch bereit, die Feuerpause um weitere drei Monate zu verlängern. Beide Länder hatten die Waffenruhe genutzt, um ihre Stellungen am Kanal auszubauen.

6. Als neuntes westeuropäisches Land erkennt Italien die Volksrepublik China an.

8. Nino Benvenuti, Mittelgewichts-Weltmeister und Italiens Idol, verliert nach seinem Abstecher ins Filmgeschäft in Rom durch K.o. in der zwölften Runde seinen Titel an den Argentinier Carlos Monzon.

12. Der Schriftsteller Andrej Amalrik wird in Swerdlowsk wegen »Verleumdung der Sowjetunion« zu drei Jahren Arbeitslager verurteilt. Die Anklage stützte sich in der Hauptsache auf Amalriks auch im Westen veröffentlichten Essay »Wird die Sowjetunion bis 1984 überleben?«

13. In Mainz, Köln und Hamburg demonstrieren mehrere tausend Landwirte für die Anpassung ihres Verdienstes an die allgemeine Einkommensentwicklung. — ÖTV-Vorsitzender Heinz Kluncker fordert eine Lohnerhöhung von 10 bis 15 % für die 1,3 Millionen Arbeitnehmer im öffentlichen Dienst.

16. Vor einem Kriegsgericht in Fort Benning in Georgia (USA) beginnt der Prozeß gegen Oberleutnant William Calley (27). Die Anklage lautet auf Mord an 102 wehrlosen Greisen, Frauen und Kindern im südvietnamesischen Dorf My Lai. Dieses Massaker habe er den Angehörigen seiner Einheit befohlen und selbst daran teilgenommen.

17. Nach den spektakulären Mondlandungen amerikanischer Astronauten erringt die Sowjetunion wieder einen Weltraumerfolg: Lunochod 1 wird als erstes ferngelenktes Fahrzeug zur Erkundung des Mondes nach zehntägigem Flug von der Raumsonde Luna 17 im »Meer der Ruhe« abgesetzt. — Der Zentralbankrat der Deutschen Bundesbank senkt den Leitzins für Kredite, den Diskontsatz, von 7 auf 6½%.

18. In Bad Godesberg treffen sich rund 1500 Wissenschaftler, Politiker, Wirtschaftler und Journalisten zum Gründungskongreß des »Bundes Freiheit der Wissenschaft«. Sie sehen das Grundrecht der Freiheit der Wissenschaft gefährdet durch den »Gesinnungsterror ideologisch fanatisierter Gruppen« gegen Andersdenkende in den Universitäten sowie durch Bestimmungen der neuen Hochschulgesetze, die auch Nichtwissenschaftlern Einfluß auf Lehre und Forschung gewähren. — Eine völlig neue Kunstgattung, »Fopp-Art«, wird in Gelsenkirchen kreiert. Im Museum der Ruhrgebietsstadt sieht man Astgabeln, Stämme, Zweige und Wurzeln silberbronziert und rotgepunktet: »Tree-Art« des venezolanischen Bildhauers Miguel Remedios. Titel der Schau: »Rot wird siegen.« Remedios sei Sozialist, liest man im Katalog. In einer Zeitung: »Das sehr sparsam eingesetzte Rot seiner Baumobjekte« drücke »ein Prinzip Hoffnung« aus. Das Ganze ist ein Bluff. Der Schriftsteller Philipp Wiebe hatte beweisen wollen, daß »man die Öffentlichkeit mit jedem Nonsens düpieren kann«.

19. In München tagen die Außenminister der sechs EWG-Länder. Beratungsthemen: Gemeinsame Außenpolitik und Erweiterung des Gemeinsamen Marktes. Ein 5-Punkte-Programm zur Lösung des Nahost-Konfliktes wird beschlossen. — 104 Wissenschaftler aus USA, England, Frankreich, Italien und der Bundesrepublik, unter ihnen sieben Nobelpreisträger, unterzeichnen ein Memorandum über den Zusammenschluß zu einem »Internationalen Komitee zur Rettung der Universität«. Die Hochschulen seien als Ort für den Wettstreit der Ideen durch fortschreitende Demoralisierung gefährdet.

20. US-Flugzeuge bombardieren die Städte Hai Phong und Binh Hoa. Damit werden die Luftangriffe auf Nord-Vietnam, die vor zwei Jahren eingestellt worden waren, wiederaufgenommen.

23. Auf dem 10. Kongreß der ungarischen KP wird Janos Kadar in seinem Amt als Parteichef bestätigt.

27. Rund 20 Millionen Mark, den höchsten je auf einer Auktion erzielten Preis, zahlt eine New Yorker Galerie für ein Gemälde von Velazquez bei Christie's in London.

30. Mit 50 Stimmen Mehrheit verabschiedet die 1. Kammer des amerikanischen Kongresses die sogenannte »Mills Bill«, ein Gesetz, das hauptsächlich gegen die Handelsriesen EWG und Japan Zölle durchsetzen will. — Kadmiumhaltige Abwässer des mächtigen japanischen Industriekonzerns Mitsui waren die Ursache dafür, daß in den letzten Jahren Hunderte von Menschen an einer schmerzhaften Krankheit starben: Itai-itai (Aua-aua) führt zu Knochenerweichung, Skelettschrumpfung und schließlich zum Tode.

Karl Kurz (73), Eremit, nahm sich das Leben. Millionen Fernsehzuschauer sahen ihn in Robert Lembkes Berufe-Rate-Sendung »Was bin ich?«. Seine Klause in den Bergen bei Saalfelden (Österreich) wurde zum Ausflugsziel. Als später die Besucher wegblieben, täuschte er, um sich wieder ins Gespräch zu bringen, einen Mordanschlag gegen sich vor. Anfang November erhielt das Nachlaßgericht Graz fünf Sparbücher über insgesamt 25 000 Mark und einen Abschiedsbrief des Eremiten.

Hertha Feiler, Filmliebling der dreißiger Jahre, starb im Alter von 54 Jahren an Krebs. Sie war 31 Jahre verheiratet – ohne Skandale, ohne Rummel – mit Heinz Rühmann. Bei den Dreharbeiten zu »Lauter Lügen« hatten sie sich kennengelernt. 1968 standen sie für den Film »Die Ente klingelt um halb acht« zum letztenmal gemeinsam vor der Kamera.

Dr. Gerhard Littmann, bis zum Juli 1970 Polizeipräsident von Frankfurt, trat drei Tage vor der hessischen Landtagswahl aus der SPD aus, der er 23 Jahre angehört hatte. Er erklärte, am 8. November werde er CDU wählen. Seine Begründung: Die SPD habe sich von ihren politischen Grundsätzen entfernt. Der neue Kurs sei verhängnisvoll. Littmann hatte seinen Präsidenten-Posten auf Betreiben des SPD-Unterbezirks Hessen-Süd räumen müssen.

Nina Ricci, Haute-Couture-Berühmtheit, starb im Alter von 87 Jahren in Paris. Sie kam im Alter von 13 Jahren nach Paris, machte eine Schneiderlehre, entwarf später eigene Schnitte und gründete 1932 zusammen mit ihrem Sohn die Modefirma »Nina Ricci«. Für ihre Verdienste um die Mode wurde Nina Ricci zum Ritter der französischen Ehrenlegion ernannt.

Gerhard Hirsch, ehemaliger Verwaltungsdirektor des Hamburger Schauspielhauses, beging im Alter von 48 Jahren Selbstmord. Oscar Fritz Schuh hatte Hirsch, der als Buchhändler in Berlin lebte, zum Theater geholt. Als Schuh Hamburg verlassen hatte und sein Nachfolger Egon Monk gescheitert war, leitete Hirsch eine Saison das »Deutsche Schauspielhaus«. Als Mitte Dezember der neue Intendant Hans Lietzau aus Hamburg fortging, kapitulierte Hirsch vor den neuen Nachfolgekämpfen.

Franz Xaver Unertl, CSU-Bundestagsabgeordneter, ehemaliger Viehhändler und Gastwirt, erlag im Alter von 59 Jahren einem Herzschlag. Unertl, von seinen Politiker-Kollegen der »letzte Filser« und »prominentester Hinterbänkler« genannt, war 17 Jahre lang als CSU-Mitglied im Parlament. Meist erschien der Bayer in Bonn im Trachtenjanker. Mit Götz-Zitaten und anderen derb-humorigen Sätzen pflegte er bei Debatten seinen Unmut kundzutun.

DEZEMBER 1970

1. Der Wahlkonsul der BRD in San Sebastian (Spanien), Eugen Beihl, wird von baskischen Separatisten entführt.

2. Der Zentralbankrat der Bundesbank senkt erneut den Diskontsatz, auf 6 Prozent.

6. Zur Unterzeichnung des Deutsch-Polnischen Vertrages fahren Bundeskanzler Brandt, Außenminister Scheel, die Staatssekretäre Bahr und Duckwitz, Abgeordnete der Koalition und vierzehn Persönlichkeiten des öffentlichen Lebens nach Polen.

7. Der Botschafter der Schweiz in Brasilien, Giovanni Bucher, wird entführt. — In Kleve wird im ersten Prozeß um die Verschmutzung des Rheins der Reeder und Tanzweltmeister der Amateure Jürgen Bernhold verurteilt. Er bekommt eine Strafe von acht Monaten Freiheitsentzug, die zur Bewährung ausgesetzt wird, und eine Geldstrafe von 5000 Mark. Zusätzlich wird ihm eine Buße von 80 000 Mark auferlegt. Er hatte seine Kapitäne angewiesen, gifthaltige Raffinerieabwässer in den Rhein zu pumpen, statt sie — wie vorgesehen — in die Nordsee abzulassen.

11. Berlins Regierender Bürgermeister Klaus Schütz schreibt an den Ministerrat der DDR, um für die Westberliner über die Weihnachtsfeiertage Besuchsmöglichkeiten bei ihren Verwandten in Ostberlin zu erreichen. Außer einer ablehnenden Meldung der Nachrichtenagentur ADN keine Reaktion.

12. Bundeskanzler Willy Brandt wird »für seine Verdienste um Berlin« in einer Sondersitzung des Stadtparlamentes im Schöneberger Rathaus die Ehrenbürgerschaft von Berlin verliehen. — In Großbritannien wird der Notstand mit drastischen Strafen für »Stromsünder« ausgerufen. Am Vortag war der Versuch gescheitert, den Bummelstreik in den Elektrizitätswerken durch Verhandlungen zu beenden. Die Streikenden hatten 30 % mehr Lohn verlangt.

14. Am Widerstand Frankreichs scheitert nach zwölfstündiger Verhandlung in Brüssel der Start zu einer Wirtschafts- und Währungsunion in der EWG. Ein Plan des luxemburgischen Ministerpräsidenten Werner sah vor, ab 1. Januar 1971 die Union in drei Etappen bis 1980 zu verwirklichen. Die Vertreter Frankreichs wehrten sich besonders dagegen, daß nationale Entscheidungsbefugnisse auf die Gemeinschaft übertragen werden sollen. — Um ein »Zeichen des guten Willens« für die bevorstehenden Weihnachtsfeiertage zu geben, gehen die 125 000 Beschäftigten der Britischen Elektrizitätswerke wieder an die Arbeit. Über den Umfang der Lohnerhöhungen wird ein Untersuchungsausschuß entscheiden. — In Prag wird ein offizieller Bericht veröffentlicht, wonach durch die sogenannte Umtauschaktion der Parteibücher jedes fünfte Mitglied seine Zugehörigkeit zur KPČ verloren hat, insgesamt 326 000; unter ihnen auch der frühere Ministerpräsident Oldrich Černik. Alexander Dubček war schon im Juni ausgeschlossen worden.

16. König Hussein von Jordanien besucht für vier Tage die Bundesrepublik. Der Nahost-Konflikt und Wirtschaftshilfe für Jordanien werden erörtert.

17. In Prag wird ein Wirtschaftsabkommen zwischen der Bundesrepublik und der ČSSR unterzeichnet. Es soll bis zum 31. 12. 1974 gelten und die »Wirtschaftsbeziehungen der beiden Länder auf eine erweiterte Grundlage stellen«. Die ČSSR ist unter den sozialistischen Ländern der drittgrößte Handelspartner der Bundesrepublik.

18. Nach zweieinhalb Jahren Prozeßdauer und 283 Verhandlungstagen wird in Alsdorf der sogenannte »Contergan-Prozeß« durch Einstellung des Verfahrens beendet. Die angeklagte Firma Chemie Grünenthal AG hatte außergerichtlich einen Teil der Ansprüche befriedigt. Die Forderungen der Geschädigten werden auf fast zwei Milliarden Mark geschätzt. Die Bundesregierung richtet eine Stiftung für die Rehabilitation der mißgebildeten Kinder ein, in die der Bund und die Chemie Grünenthal je 100 Millionen Mark einbringen.

23. In Athen werden 102 politische Häftlinge freigelassen. Sie waren seit 1967 auf einer Insel in Haft. — Regis Debray, marxistischer Revolutionstheoretiker, wird freigelassen. Ein bolivianisches Gericht hatte ihn wegen Teilnahme am Umsturzversuch Che Guevaras zu 30 Jahren Haft verurteilt. — Franz Stangl, ehemaliger Kommandant des Vernichtungslagers Treblinka in Polen, wird von einem Düsseldorfer Schwurgericht wegen Mordes an 400 000 Juden zu lebenslanger Haft verurteilt. Die Strafe muß in eine begrenzte Haft umgewandelt werden. Diese Forderung war von brasilianischen Behörden als Bedingung für die Auslieferung Stangls gestellt worden.

24. In Leningrad werden zwei Männer zum Tode, neun andere zu hohen Freiheitsstrafen verurteilt. Sie waren beschuldigt, die bewaffnete Entführung eines Verkehrsflugzeuges geplant zu haben. Die Urteile lösen weltweites Echo aus. Neun der Angeklagten sind Juden, ihre Anträge auf legale Ausreise hatten die Behörden abgelehnt. — Die baskische Untergrundorganisation ETA läßt Eugen Beihl in Südfrankreich frei. — Die größte Falschgeldaffäre der Bundesrepublik wird aufgedeckt. In einer Druckerei in Herschbach im Sauerland waren über zweieinhalb Millionen Mark Falschgeld hergestellt worden.

27. In Burgos verurteilt ein Militärgericht sechs Basken zum Tode, neun weitere zu Haftstrafen bis zu 72 Jahren.

31. General Franco begnadigt die verurteilten Basken zu jeweils 30 Jahren Gefängnis.

JANUAR 1971

6. Der Belgrader »Spiegel«-Korrespondent Hans-Peter Rullmann wird von einem Militärgericht wegen Spionage zu sechs Jahren Kerker verurteilt. — Der Welt größte private Waffenschmiede stehe vor dem Konkurs, meint Daniel J. Haughton, der Chef des US-Rüstungskonzerns »Lockheed Aircraft Corporation«. Lockheed stellt unter anderem den »Starfighter« her und würde zur Überwindung der Krise 4,5 Milliarden Mark benötigen; 2,8 Milliarden hat das US-Verteidigungsministerium in Aussicht gestellt.

8. Die militante jüdische Organisation »Jewish Defense League« verübt auf ein Gebäude der Sowjetbotschaft in Washington ein Sprengstoffattentat. Seit 1968 kämpft die JDL gegen die Feinde der Juden in den USA und in aller Welt. Die Organisation glaubt die Juden von einem »wild um sich greifenden Antisemitismus« bedroht.

9. Gregor Geller, Fabian von Schlabrendorff und Hans Rupp, Richter des Bundesverfassungsgerichts, geben ihre persönliche, abweichende Meinung zur Verfassungsänderung des Abhör-Urteils bekannt. Sie waren am 15. Dezember 1970 von fünf ihrer Senatskollegen überstimmt worden. — Der britische Botschafter in Uruguay, Geoffrey Jackson, ist von Stadtguerillas entführt worden. — Der Appellationsausschuß der britischen Einwanderungsbehörden lehnt Rudi Dutschkes Berufung gegen den Ausweisungsbeschluß des Innenministeriums ab. Dutschke habe — so heißt es — sein Versprechen gebrochen, keiner politischen Betätigung nachzugehen. Dutschke muß England verlassen. Er hat einen Ruf nach Dänemark erhalten.

10. Bei den Zweierbob-Europameisterschaften am Königssee bei Berchtesgaden gewinnen die gegenwärtigen Weltmeister Horst Floth und Pepi Bader vom SC Rießersee. — Das französische Kreuzfahrtschiff »Antilles« stößt vor der Antillen-Insel Moustique auf ein Korallenriff und brennt vollständig aus. Die 633 Menschen an Bord werden gerettet; die Reederei beziffert den Verlust auf 80 Millionen Mark.

11. Die »Ruhrkohle AG«, die 1968 mit Staatshilfe gegründet wurde, steckt tief in den roten Zahlen. Sie braucht eine staatliche Finanzhilfe von ca. 120 Millionen Mark. — Mit einem Bombenattentat auf das Haus und das Auto des britischen Arbeitsministers Robert Carr rächen sich die aufgebrachten Arbeitnehmer gegen das von Carr eingebrachte Antistreikgesetz. In Protestmärschen auf der gesamten Insel demonstrieren einige hunderttausend Menschen. — Der ehemalige französische Ministerpräsident Mendès-France (64) hat zum zweiten Mal geheiratet: Marie-Claire de Fleurie, die Tochter einer radikalsozialistischen Senatorin.

14. Professor Herbert Weichmann, der Bürgermeister von Hamburg, ist im Alter von 75 Jahren zurückgetreten. Für weite Kreise der Bevölkerung ist Weichmann einer der »großen alten Männer« der deutschen Politik. — Zum Ritter der französischen Ehrenlegion ist Alfred Hitchcock ernannt worden. Der amerikanische Krimi-Routinier gilt als einer der Lehrmeister der französischen »Neue-Welle«-Regisseure.

15. Tumulte gibt es während der Urteilsverkündung gegen den »Anarchisten« Fritz Teufel: eine Strafkammer des Münchner Landgerichts verurteilt ihn wegen »gemeinschaftlichen Verbrechens der versuchten menschengefährdenden Brandstiftung« zu zwei Jahren Freiheitsstrafe. Teufel, für den es (nach Auffassung des Ersten Staatsanwalts Grader) »zwar keine Beweise für eine Täter- oder Mittäterschaft« gibt, sagte zu diesem Verfahren: »Die Justiz schlägt so lange ins Wasser, bis sie in den Wellen ertrinkt.«

17. Der 150fache Dollarmillionär Bernard Cornfeld kündigt in Genf seinen Rücktritt an. Die »IOS«, deren Präsident Cornfeld war, machte das Aktien-Investment-Geschäft für breite Kreise der Bevölkerung populär. Sie verwaltete Ende der sechziger Jahre zwölf Milliarden Mark. — 40 Tage nach seiner Entführung ist der Schweizer Botschafter in Brasilien, Giovanni Bucher, wieder freigelassen worden. Für die Freilassung des 57jährigen Diplomaten hatte die brasilianische Regierung 70 politische Häftlinge nach Chile entlassen.

18. Mit Kranzniederlegungen und Ansprachen gedenken prominente Politiker der Bundesrepublik in Friedrichsruh bei Hamburg am Grabe Otto von Bismarcks der deutschen Reichsgründung vom 18. Januar 1871.

19. Beatle Paul McCartney beantragt in London durch einen Anwalt die Liquidation des Beatle-Unternehmens »Apple Corps Company«, um Klarheit über die finanzielle Situation der Firma zu erhalten. — In Frankfurt wird bekanntgegeben, daß wegen Sparmaßnahmen die »Internationale Automobil-Ausstellung« ausfallen wird. Bisher ist die Ausstellung nur während der Krisenjahre 1929, 1930 und 1932 ausgefallen.

31. Auf Kap Kennedy startet »Apollo 14« zum bisher teuersten Mondlandeunternehmen der USA. Mit 1,4 Milliarden Mark ist dieser Ausflug ins All um 90 Millionen Mark teurer als »Apollo 13«. — 76 Fässer eines chemischen Abfallstoffs werden legal aus Dänemark importiert. Aber statt wie vereinbart in einer teuren Verbrennungsanlage landet das Gift in einer Harburger Müllkuhle. Eine leichte Vergiftung des Grundwassers wird festgestellt.

Gabrielle Bonneur Chanel, unter dem Namen »Coco« berühmt gewordene Modeschöpferin, starb 87jährig in ihrem Appartement im Pariser Luxushotel »Ritz«. Von Eauville kam das Provinzmädchen nach Paris. Zunächst entwarf sie nur Hüte, später dann Kleider und Kostüme. Ihre sachlich-raffinierten Modelle trugen und tragen Society-Damen in der ganzen Welt. Die Modeschöpferin komponierte auch das Parfum »Chanel No. 5«.

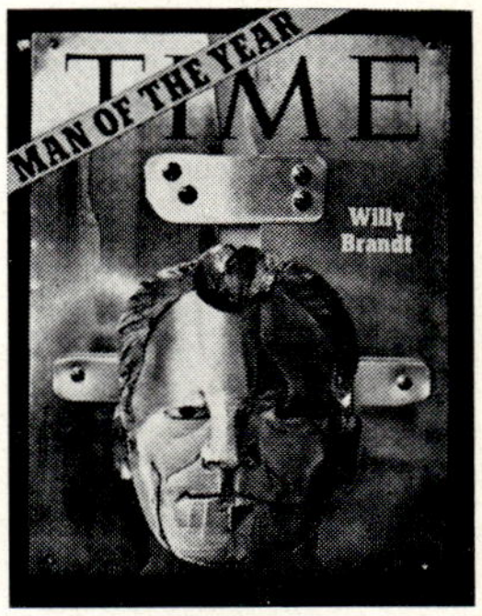

Willy Brandt wurde dreimal zum »Mann des Jahres 1970« gewählt: Das amerikanische Nachrichten-Magazin »Time« kürte ihn (nach Hitler, 1938, und Adenauer, 1953) als dritten Deutschen. Die Begründung der Redakteure: »Während die meisten Staatsmänner im Jahr 1970 eher auf das Geschehen reagierten als daß sie es formten, stach Brandt als Neuerer hervor.« Auch die Mailänder Zeitschrift »Storia Illustrata« und die Pariser Tageszeitung »L'Aurore« zeichneten den Kanzler mit diesem Titel aus.

Agatha Christie wurde im Alter von 80 Jahren von Königin Elizabeth II. mit dem »Orden des britischen Empire« ausgezeichnet. Sie schrieb Kriminalromane mit der schrulligen Gestalt des belgischen Meisterdetektivs Hercule Poirot. Mit ihrem Theaterstück »Die Mausefalle« erzielte Agatha Christie jetzt einen »Weltrekord«: es wird in einem Londoner Westend-Theater seit über 18 Jahren ununterbrochen gespielt.

Fernand Contandin (67), unter dem Künstlernamen Fernandel berühmt gewordener französischer Filmkomiker, starb in Paris an Lungenkrebs. Insgesamt hat Fernandel bei 149 Filmen mitgewirkt. Seinen Erfolg schrieb er selbst seinem »Pferdegebiß« zu. Er erhielt unter anderen Ehrungen den »Oscar für Beliebtheit« und war »Ritter der Ehrenlegion«. Vor allem seine Don-Camillo-Darstellung machte ihn in der ganzen Welt bekannt.

William Masters, amerikanischer Sexual-Wissenschaftler, hat in aller Stille zum zweiten Mal geheiratet, nachdem seine erste Ehe im vergangenen Sommer nach 28 Jahren geschieden worden war. Masters (55), hat seine zweite Frau Virginia Johnson (46), in seinem »Institut für Fortpflanzungsforschung« kennengelernt. Gemeinsam hatten sie 700 Personen bei der Liebe beobachtet. Ihr Untersuchungsergebnis, »Die sexuelle Reaktion«, wurde ein Bestseller.

Tilla Durieux, die Wiener Professorentochter kroatisch-französischer Abkunft, starb im Alter von 90 Jahren. 1903 debütierte sie im Berliner »Deutschen Theater«. Noch im gleichen Jahr erspielte sie sich als erste »Salome« in Oscar Wildes Schauspiel weltweiten Ruhm. In vielen ihrer Rollen war sie eine »Persönlichkeit von eigenen Gnaden«, wie Alfred Kerr schrieb. 1934 emigrierte sie und kehrte 1952 zurück. Zuletzt schrieb sie ihre Memoiren »Meine ersten neunzig Jahre«.

FEBRUAR 1971

8. Im Indochina-Krieg wird eine dritte Front eröffnet. 15 000 Mann südvietnamesischer Truppen marschieren mit amerikanischer Luftunterstützung in das formal neutrale Laos ein. Nahziel dieser Operation ist die Besetzung des Ho-Tschi-Minh-Pfades, des Nachschubweges des Vietkong. Ein Sprecher des US-Außenministeriums erklärt, die Operation sei zeitlich und räumlich begrenzt. Eine Ausweitung des Krieges sei damit nicht verbunden.

9. Im Pazifischen Ozean landen die Apollo-14-Astronauten Shepard, Mitchell und Roosa. Bis zum 26. Februar müssen sie in der lunaren Empfangsstation in Houston in Quarantäne bleiben. Die NASA erklärt, daß für die Zukunft diese Vorsichtsmaßnahme nicht mehr nötig sei. Die Befürchtung, unbekannte Krankheitskeime aus dem Weltall könnten sich auf der Erde ausbreiten, habe sich als unbegründet erwiesen. — In Brüssel einigen sich die Außen- und Wirtschaftsminister der EWG-Staaten auf eine Entwicklung der Gemeinschaft zur Union. Abstriche am »Werner-Plan« hatten eine Zustimmung Frankreichs ermöglicht. Bis 1973 soll in einer ersten Stufe die Wirtschaftspolitik der Sechs aufeinander abgestimmt werden. Ein gemeinsamer Hilfsfonds von 7,3 Milliarden DM für in Schwierigkeiten geratene EWG-Währungen soll gebildet werden. Bis 1979 ist eine Neuverteilung der Hoheitsbefugnisse vorgesehen. Ab 1980 soll eine gemeinsame Währung eingeführt werden.

10. Ein schweres Erdbeben erschüttert Süd-Kalifornien. Am schwersten betroffen ist das San-Fernando-Tal nordwestlich von Los Angeles. 82 Menschen sind umgekommen, 100 000 müssen evakuiert werden. Präsident Nixon erklärt Kalifornien zum Katastrophengebiet.

12. In Bonn wird der Bundeshaushalt 1971 gegen die Stimmen der CDU-CSU in dritter Lesung verabschiedet. Mit einem Gesamtvolumen von 100,1 Milliarden Mark ist er 12,1 Prozent größer als 1970. Etwa die Hälfte des Etats erhalten die Ressorts »Arbeit und Soziales« und Verteidigung. Die höchste Steigerungsrate — um 25 Prozent auf vier Milliarden — weist das Ressort »Bildung und Wissenschaft« auf.

14. Der spanische Künstler Salvador Dali, bekannt für seine Exzentrik, führt in New York einen Satz Schachfiguren in Gestalt seiner Finger vor. Preis: 4000 Dollar.

15. Die Landwirtschaftsminister der EWG beraten in Brüssel über die Agrarpreise — ohne Ergebnis. Die Tagung hatte spektakulär begonnen: 50 wallonische Jungbauern hatten drei Kühe in den Sitzungssaal getrieben. Sie wollten auf ihre wirtschaftliche Notlage hinweisen. Auf Transparenten forderten sie höhere Preise für Agrarerzeugnisse.

16. Bundespostminister Leber eröffnet den Telefon-Selbstwähldienst mit Japan. Es ist das 16. Land, das von der Bundesrepublik aus direkt angewählt werden kann. Ein Ein-Minuten-Gespräch kostet 12 DM. Die Verbindung wird über einen Satelliten oder über Landkabel durch die Sowjetunion hergestellt.

18. In Paris bleiben mehr als 700 000 Schüler dem Unterricht fern. Sie protestieren damit gegen ein Schnellgerichtsverfahren, in dem ein Oberschüler zu sechs Monaten Gefängnis verurteilt worden war. Er soll während einer Demonstration einen Polizisten geschlagen haben.

19. Nach einer Studie des Internationalen Arbeitsamtes in Genf ist die Kaufkraft weltweit gesunken. In 64 der 100 untersuchten Länder war der Kaufkraftschwund größer als 5 Prozent. In 24 Ländern stieg jedoch trotz Inflation das Realeinkommen der Bevölkerung, in der Bundesrepublik um mehr als 5 Prozent. Die Arbeitslosenquote war am größten in den USA, Japan und Frankreich.

20. Um 9.33 Uhr unterbrechen US-Rundfunkanstalten ihr Programm, senden eine Warnung der Luftverteidigungszentrale und melden, der Präsident habe den Notstand ausgerufen. 40 Minuten lang leben Tausende Amerikaner in der Furcht vor einem dritten Weltkrieg. Dann erst wird der falsche Alarm aufgehoben. Ein Techniker im nationalen Warnzentrum hatte statt eines Testlochstreifens den Text für den Ernstfall gesendet. Allerdings hatten nur einige Dutzend der etwa 2500 Rundfunkstationen die Alarmmeldung ernst genommen und weitergegeben.

23. Zur Karnevalszeit führt die Polizei in Köln und Düsseldorf verstärkte Kontrollen durch. Im vergangenen Jahr hatten sich während der »tollen Tage« 1600 Unfälle mit 76 Toten und über 2000 Verletzten ereignet.

24. Die Regierung Algeriens beschließt, 51 Prozent des Kapitals der französischen Firmen, die im Lande Erdöl und Erdgas gewinnen, zu verstaatlichen.

25. Mit einem Appell an die Sowjetunion endet der jüdische Weltkongreß in Brüssel. Über 200 Delegierte jüdischer Organisationen fordern in einer Resolution, den jüdischen Bürgern in der Sowjetunion solle das Recht auf freie Religionsausübung und auf eigene Kultur eingeräumt werden, ferner solle ihnen gestattet werden, nach Israel auszuwandern.

26. Mit 39 Jahren und nach fünf Jahren Ringpause gelingt dem Boxer Albert Westphal ein Comeback. In der 2. Runde schlägt er seinen Gegner Manfred Ackers k. o.

27. In Bonn demonstrieren mehr als 50 000 Landwirte für höhere Erzeugerpreise.

MÄRZ 1971

3. Anläßlich der Tagung des CDU-Fraktionsvorstandes in Berlin haben die DDR-Behörden wieder die Abfertigung an den Grenzkontrollstellen verzögert. — Rudi Dutschke beginnt am Institut für Geistesgeschichte der Universität Århus (Dänemark) mit seinen Vorlesungen.

4. Vier Schiffe der Transozean Schiffahrt GmbH von Hugo Stinnes (73) werden wegen unbezahlter Schulden beschlagnahmt. Bereits 1963 war Stinnes in finanzielle Bedrängnis geraten, als die »Notgemeinschaft Deutscher Bergbau« eine Klage im Streitwert von 18,5 Millionen Mark gegen ihn anstrengte. — Liechtenstein bleibt als letzter europäischer Staat ohne jedes Stimmrecht der Frauen. Mit 1897 gegen 1817 Stimmen haben die männlichen Wahlberechtigten des Zwergstaates das aktive und passive Frauenwahlrecht abgelehnt.

6. Justizminister Jahn legte das Vierte Gesetz zur Reform des Strafrechts vor. Sein Schwerpunkt liegt im Sexualrecht. Die erste Lesung im Bundestag entwickelte sich dennoch zu einer reinen Pornographie-Debatte, da die CDU/CSU-Opposition jede Lockerung des geltenden Verbotes ablehnt.

8. Seit dem 29. 1. streiken bei den englischen Ford-Werken 11 000 Arbeiter. Sie fordern einen an andere Autofirmen angeglichenen Lohn. Da die Geschäftsleitung zunächst nur 8% mehr bot, soll weiter gestreikt werden.

9. Nach dem 16. Gespräch der Botschafter der vier Siegermächte in West-Berlin, das drei Stunden dauerte, stellen sich die Botschafter zum ersten Mal den Fragen der Journalisten. Sie bestätigen, daß man in eine »konkrete Phase« eingetreten sei. — Scheich Mujibur Rahman, Führer der ostpakistanischen Awami-Liga, hat die Behörden des östlichen Landesteils zum »zivilen Ungehorsam« gegenüber der Zentralregierung in Westpakistan aufgefordert. Damit will er die Aufhebung des Kriegsrechts erzwingen, das über Ostpakistan verhängt worden ist, nachdem bei Auseinandersetzungen zwischen der Bevölkerung und dem Militär etwa 2000 Ostpakistaner getötet wurden. Der Grund für die Zusammenstöße war die Verschiebung der für den 3. März vorgesehenen Sitzung des ostpakistanischen Parlaments gewesen. Dort verfügt die Awami-Liga über die Mehrheit und will die Unabhängigkeit des östlichen Landesteiles erwirken, weil dieser von der Zentralregierung in Westpakistan benachteiligt wird.

14. Bei den Wahlen für das neue Abgeordnetenhaus in West-Berlin kämpften fünf Parteien um die 1,7 Millionen Stimmen: Bei einer Wahlbeteiligung von 88,9% kann die SPD trotz beträchtlicher Einbußen die absolute Mehrheit mit 50,4% (73 Sitze) knapp behaupten. Die CDU bekommt 38,2% (54 Sitze), die FDP 8,5% (11 Sitze). Wie schon 1967 scheitern die SEW (Sozialistische Einheitspartei West-Berlin) und die linksnationale AUD an der Fünfprozentklausel. — Bei den indischen Parlamentswahlen hat die Kongreßpartei von Ministerpräsidentin Indira Gandhi die Zweidrittelmehrheit errungen. Die stärkste Partei der Opposition stellen die nach Peking orientierten Marxisten. Auch bei den Landtagswahlen verbesserte sich die Kongreßpartei überall. Damit hat Indira Gandhi parlamentarische Möglichkeiten, die für wirtschaftliche Reformen notwendigen Verfassungsänderungen vorzunehmen.

15. In Wien beginnt die vierte Runde der amerikanisch-sowjetischen Gespräche über eine Begrenzung der strategischen Rüstung (SALT).

20. 30 junge Kompanie-Chefs der 7. Panzergrenadier-Division bezeichnen die Zustände in der Bundeswehr als »unerträglich« und als »nicht länger zu verantworten«. Der »ständige Schwund von Vertrauen in die militärische und politische Führung« habe sie zum Schritt in die Öffentlichkeit veranlaßt. Bei 20 000 Wehrdienstverweigerern im Jahre 1970 und der ständig wachsenden Zahl von Disziplinarvergehen droht der Bundeswehr eine neue Krise.

21. Die Landtagswahlen in Rheinland-Pfalz ergeben keine Überraschungen. Mit 50,0% erringt die CDU zum erstenmal die absolute Mehrheit (53 Sitze). Damit verbessert sie sich gegenüber 1967 um 3,3 Punkte. 40,5% der Stimmen (44 Sitze) gewinnt die SPD. Sie steigert sich damit um 3,7 Punkte und durchbricht erstmals den bisherigen Abwärtstrend. Die Verlierer sind FDP und NPD. Die Freien Demokraten mußten 2,4 Punkte abgeben und blieben mit 5,9% gerade noch im Landtag (3 Sitze), während die NPD nur 2,7% erreichte (gegenüber 6,9% 1967) und nicht mehr im Landtag vertreten sein wird.

22. Bundespräsident Gustav Heinemann bricht zu einer zehntägigen Reise nach Südamerika auf. In Begleitung von Außenminister Walter Scheel fliegt er nach Venezuela, Kolumbien und Ekuador. Die Reise soll dem Ausbau der bestehenden guten Beziehungen dienen. Scheel wird außerdem Abstecher nach Bolivien und Peru machen. — Nihat Erim, neuer Ministerpräsident der Türkei, hat die wochenlange Regierungskrise überwunden: Die stärkste Partei im Parlament in Ankara sagte ihm ihre Unterstützung zu.

31. Bei bisher 136 Starfighter-Abstürzen haben 60 Piloten ihr Leben lassen müssen. Allein innerhalb der letzten vier Wochen sind acht F 104 G abgestürzt, fünf Piloten kamen ums Leben.

Josef-Hermann Dufhues, früherer geschäftsführender Bundesvorsitzender der CDU und der Jungen Union, ist im Alter von 62 Jahren an einer tropischen Viruskrankheit gestorben. Auf einer Afrikareise hatte er sich infiziert. Dufhues stammte aus Castrop-Rauxel; dem Ruhrgebiet blieb er als Rechtsanwalt, Notar und Politiker immer verbunden. Die CDU zählte ihn zu den »verdienstvollsten Persönlichkeiten der Nachkriegsgeschichte«.

Duke Ellington, amerikanischer Jazz-Pianist, Komponist und Band-Leader, wurde einen Monat vor seinem 72. Geburtstag geehrt: Die Königlich Schwedische Akademie für Musik nahm ihn als Mitglied auf. Mitglieder sind unter anderen Strawinski und Arthur Rubinstein. Ellington hat entscheidenden Anteil an der Bildung und Verbreitung des klassischen Swingstils.

Harold Lloyd, amerikanischer Stummfilmstar, starb wenige Wochen vor seinem 78. Geburtstag auf seinem luxuriösen Landsitz in Beverly Hills. Er hatte den Traum und den Alptraum der braven kleinen Leute dargestellt. In seiner Glanzzeit, er trat stets mit Strohhut und glasloser Hornbrille auf, übertraf er Charlie Chaplin und Buster Keaton sowohl an Popularität als auch an Einkünften: Er verdiente rund 35 Millionen Dollar.

Igor Strawinski, einer der bedeutendsten Komponisten des 20. Jahrhunderts, starb im Alter von 88 Jahren. Strawinski, der »Picasso der Musik«, verließ mit 28 Jahren seine russische Heimat, er lebte in Frankreich und der Schweiz, bis er 1939 in die USA auswanderte. Er war Schüler von Rimski-Korssakow und wurde bei seinen ersten Kompositionen durch französische Impressionisten beeinflußt. Im Alter hat er auch die Zwölftontechnik angewandt.

François Duvalier, Präsident von Haiti, starb im Alter von 64 Jahren. Zahlreiche Umsturzversuche konnten Duvalier und sein autoritär-diktatorisches Regime erfolgreich überstehen. Jeden Attentats-Versuch pflegten die »Hausstreitkräfte« mit einem »Berg von Leichen« zu bestrafen. Der Nachfolger des »Präsidenten auf Lebenszeit« wird sein Sohn Jean-Claude.

Eike Middeldorf, Generalmajor der Bundeswehr, mußte seinen Hut nehmen. Sein Anwalt hatte einer Illustrierten eine »brisante Bombe« mit Bundeswehr-Interna angeboten. Als Entschädigung für eine ausbleibende Beförderung oder vorzeitige Verabschiedung wegen der Veröffentlichung müßten dem General DM 100 000 zugesichert werden. Die Illustrierte fand die Bombe nicht scharf genug und berichtete statt dessen über das angebotene Geschäft. Middeldorf erklärte, er habe von allem nichts gewußt.

APRIL 1971

1. Um die Dollarzuflüsse einzudämmen, senkt die Deutsche Bundesbank den Diskontsatz noch einmal von 6 auf 5½ %. — In Hamburg wird der bolivianische Generalkonsul Roberto Quintanilla Pereira (43) in seinem Büro von einer unbekannten Frau erschossen. Vor seiner Berufung nach Hamburg im Frühjahr 1970 war Pereira Chef des bolivianischen Geheimdienstes. Er hatte maßgeblichen Anteil an der Ergreifung von »Che« Guevara 1967.

5. Die Regierung der Ministerpräsidentin von Ceylon, Sirimavo Bandaranaike, hat ihre erste schwere Probe zu bestehen: Die linksgerichtete »Volksbefreiungsfront Che Guevara«, die rund 80 000 Mann stark ist, liefert den Regierungstruppen (25 000 Mann) heftige Kämpfe. Als Gründe für die Rebellion nennen die Linksradikalen die zögernde Sozialisierungspolitik der Regierung Bandaranaike.

8. Im Park von Heinemanns Amtssitz in Bonn nehmen Grenzschutzbeamte den 20jährigen Karsten Eggert fest. Der Hamburger Gärtner und Hausmeister trägt ein feststehendes Messer bei sich und gesteht, die Ermordung des Bundespräsidenten geplant zu haben. Als Motiv gibt Eggert (der zeitweilig der NPD angehört hat) die Bonner Ostpolitik an, die man mit radikalen Mitteln bekämpfen müsse. Heinemann, der sich zur Zeit des Attentatversuchs im Schwarzwald aufhält, wertet den Mordanschlag als »den Ertrag einer monatelangen Hetze« mit »gemeinsten Aufforderungen bis hin zur Gewalttat«. — Die Kapazität des menschlichen Gehirns wird nur zu 25% genutzt, wie aus einer Veröffentlichung des sowjetischen Hirnforschers Professor Dr. Jefremov hervorgeht. Der Wissenschaftler behauptet ferner, daß der Mensch bei 50-prozentiger Auslastung 40 Sprachen beherrschen und sich 100 000 Stichworte einer Enzyklopädie einprägen könne.

9. Der XXIV. Parteitag der KPdSU in Moskau ist nach zehntägiger Dauer beendet worden. Die Position Leonid Breschnews wird durch die Wahlen zum Politbüro am Ende des Parteitags gestärkt, da die zu dem bisher elf Mann starken Gremium hinzugewählten vier neuen Politbüromitglieder als seine Anhänger gelten. Im übrigen wurden die von Breschnew gesteckten Ziele bestätigt: Die Festigung der Geschlossenheit des sozialistischen Lagers, die Offerte an Peking, die alte Freundschaft wiederherzustellen, und der Ausbau der Wirtschaft in der Sowjetunion.

10. Eine amerikanische Tischtennismannschaft besucht Rotchina und wird demonstrativ herzlich empfangen.

13. Der Bundestag wird einen Untersuchungsausschuß einsetzen, der sich mit der Interview-Affäre des vom Dienst suspendierten Kommandeurs der 7. Panzergrenadier-Division, General Eike Middeldorf, befassen soll.

18. In Bengasi (Libyen) verkünden die Staatschefs von Ägypten, Syrien und Libyen — Sadat, Assad und Gaddafi — eine Konföderation ihrer Staaten. Der ebenfalls eingeladene Sudan wird der »Union der arabischen Republiken« bis Ende des Jahres ebenfalls beitreten, sobald eine Verfassungsänderung und die Bildung einer Einheitspartei vollzogen sind. König Husseins Vorgehen gegen die Freischärler wird in Bengasi scharf kritisiert; deswegen bleibt Jordanien vorläufig ausgeschlossen. Obgleich die Föderation der militärischen Stärkung der Araber dienen soll, reagiert Israel gelassen. — In London beschließen Großbritannien, Australien, Neuseeland, Malaysia und Singapur, eine gemeinsame Streitmacht in Südostasien zu bilden. — Klaus Schütz wird mit 72 von 136 Stimmen erneut zum Regierenden Bürgermeister von Berlin gewählt. — J. Edgar Hoover, umstrittener Direktor der amerikanischen Bundespolizei FBI, ist von Hale Boggs, dem Fraktionsführer der demokratischen Mehrheit im US-Repräsentantenhaus, zum Rücktritt aufgefordert worden. »Taktiken der Sowjetunion und der Gestapo« werden dem 76jährigen Hoover, der seit 46 Jahren FBI-Chef ist, vorgeworfen.

19. Die westdeutschen Währungsreserven sind auf fast 60 Milliarden Mark gestiegen. Davon werden allein 40 Milliarden in US-Dollar gehalten. Die Deutschen könnten, so die Zeitschrift »Newsweek«, jetzt »allein Fort Knox aufkaufen«. Die Amerikaner schlagen vor, daß Westeuropäer und Japaner aufwerten sollen.

22. Nach zwei Wochen heftiger Kämpfe sind die Rebellen in Ceylon besiegt. Als Drahtzieher des Aufstands werden Diplomaten Nord-Koreas entlarvt. Mit Nord-Korea waren erst elf Monate zuvor diplomatische Beziehungen aufgenommen worden.

25. Ein von allen Parteien unerwartetes Ergebnis bringen die Landtagswahlen in Schleswig-Holstein: Mit 51,7% der Stimmen gegenüber 46% im Jahre 1967 kann die CDU zum ersten Mal seit 20 Jahren die absolute Mehrheit im nördlichsten Bundesland erreichen. Von 39,4 auf 41,2% steigern sich die Sozialdemokraten. Jochen Steffen, Spitzenkandidat der SPD, führt das für die sozialliberale Koalition negative Abschneiden auf das »Kesseltreiben der Springer-Zeitungen« gegen die SPD/FDP-Regierung zurück. — Beim härtesten Wahlkampf innerhalb der letzten 25 Jahre in Österreich ist der bisherige Bundespräsident Franz Jonas (71) für weitere sechs Jahre in seinem Amt bestätigt worden. 52,8% der fünf Millionen Wähler wählten den Alt-Politiker.

MAI 1971

2. 10 000 Polizisten und Soldaten nehmen über 7000 amerikanische Vietnamkriegs-Gegner fest, die in Washington gegen den Krieg und 45 000 Tote in Indochina protestieren. Bei einem offiziellen Hearing im Capitol in Washington werden Meldungen über Morde und Folterungen an Zivilisten und Kriegsgefangenen bestätigt.

3. Der ehemalige Generaldirektor der Henschel-Werke, Fritz-Aurel Goergen, steht in Koblenz vor Gericht. Ein 530 000-Mark-Betrug aus dem Rabatt-Geschäft und Veruntreuung von 100 000 Dollar werden dem vor sieben Jahren verhafteten Manager vorgeworfen. — Der neue sowjetische Botschafter in der Bundesrepublik, Valentin Falin, ist in Bonn eingetroffen. Der 45jährige Diplomat des Moskauer Außenministeriums und Deutschlandspezialist löst Semjon Zarapkin ab.

5. Um der Spekulation mit Dollar und Mark ein Ende zu setzen, schließen um 10.30 Uhr die Devisenbörsen.

7. Kapitän Samuel L. Grevely wird der erste farbige Konteradmiral der amerikanischen Kriegsmarine.

10. Auf Anordnung von Präsident Richard Nixon beginnt die amerikanische Armee mit der Vernichtung sämtlicher Vorräte an biologischen Waffen. — Die Wechselkurse werden freigegeben. Die Zeit des freien Floating beginnt. Damit löst sich die Bundesrepublik von dem in Bretton Woods im Jahre 1944 vereinbarten Prinzip fester Bandbreiten.

12. Nicolae Ceausescu, der rumänische Staatspräsident und Parteichef, fordert bei der 50-Jahr-Feier seiner Partei, auch nichtsozialistischen Staaten solle der Beitritt zum Comecon, dem »Rat für gegenseitige Wirtschaftshilfe«, offenstehen. — Nach 20 Jahren Fernsehen in Deutschland ist Wibke Bruhns die erste westdeutsche Nachrichtensprecherin: In den Spätnachrichten des ZDF gab sie ihr Debüt.

13. Anläßlich des 80. Jahrestages der Enzyklika »Rerum novarum« schreibt Papst Paul VI., daß sich Christen mit sozialpolitischen Themen auseinanderzusetzen hätten. Eine »positive Umwandlung der Gesellschaft« sei vonnöten. Der Papst erkennt den Anspruch auf Gleichheit und Mitbestimmung in der heutigen Gesellschaft an; er erklärt sich für die »Randexistenzen verschiedener Herkunft«; er verurteilt den Wirtschafts-Nationalismus und den »maßlosen Wettbewerb« des Kapitalismus. — Finanzminister Alex Möller tritt zurück. Bundeswirtschaftsminister Schiller übernimmt zusätzlich das Finanzministerium.

16. Bei Kommunalwahlen in Großbritannien hat die Labour Party einen großen Erfolg zu verzeichnen: Die regierenden Konservativen mußten 1849 Mandate abgeben, die Labour Party gewann 2033 Sitze dazu.

18. Mit umfangreichen Säuberungen in der politischen Führung Ägyptens vereitelt Präsident Sadat einen Putsch: 110 politische Gegner werden verhaftet, und über 300 werden aus ihren Ämtern entfernt. Sadat kann sich auf die uneingeschränkte Loyalitätserklärung der Streitkräfte und die offenkundig spontane Zustimmung des Volkes stützen.

19. Als erster Regierungschef seines Landes stattet der kanadische Ministerpräsident Pierre Trudeau der Sowjetunion einen offiziellen Besuch ab.

20. Zehn Mitglieder des Akademischen Senats der Freien Universität Berlin haben ihre Ämter niedergelegt. Ihrer Meinung nach ist der Akademische Senat nicht mehr arbeitsfähig. Sie protestieren auch gegen die Amtsführung des Universitätspräsidenten Rolf Kreibich, der linksstehende Gruppen favorisiere.

24. US-Wissenschaftler glauben, einen »Breitband-Virumkiller« gefunden zu haben. Das Medikament Isoprinosin ist 10 Monate klinisch getestet worden und hat ausgezeichnete Ergebnisse gebracht.

25. Sieben Tage nach Beendigung der Unruhen in Ägypten schließen Sadat und der sowjetische Präsident Podgorny einen »Pakt der Freundschaft und Zusammenarbeit« auf 15 Jahre. — Bundeskanzler Willy Brandt nimmt an der Ratskonferenz der Sozialistischen Internationale in Helsinki teil. Er ist einer von 150 Delegierten bei dieser 12. Nachkriegskonferenz. — Nach 25 Jahren Regierungskoalition löst sich in Bremen die FDP von der SPD. Der Bruch in Bremen wird nicht auf die Politik der Bonner Regierung, sondern auf die Bremer SPD-Hochschulpolitik zurückgeführt.

29. Seit 40 Tagen praktizieren 800 deutsche Fluglotsen »Dienst nach Vorschrift«. Während die Lage auf den Flughäfen immer unübersichtlicher wird (bis zu 12 Stunden Wartezeit), hat die Lufthansa ihre Verluste genau berechnet: 20 Millionen Mark. Da Fluglotsen Beamte sind, spitzt sich der Streit immer mehr auf die Frage der Legalität des Streiks zu.

30. Portugal will aus der UNESCO austreten. Der portugiesische Außenminister Rui Patricio begründet den Schritt damit, daß die UNESCO bereit sei, Terroristen in Angola und Mozambique finanzielle Hilfe zu gewähren.

31. Die »Black Panthers« feiern einen »Sieg«: Ihr Vorsitzender Bobby Seale wurde nach 21 Monaten Haft in New Haven (Connecticut) gegen Kaution freigelassen. Der Prozeß wegen Beihilfe zum Mord an einem anderen »Panther« war geplatzt, weil sich keine unbefangene Jury fand.

Helene Weigel, Schauspielerin, Witwe Bertolt Brechts, starb sechs Tage vor ihrem 71. Geburtstag. Bereits 1923, als Brecht die gebürtige Wienerin zum ersten Mal sah, war sie eine der besten Schauspielerinnen am Deutschen Theater in Berlin. Nach Emigrations-Jahren in Wien, Paris, in Skandinavien und den USA begann ihr großer Erfolg. Mit Brecht zusammen gründete sie das »Berliner Ensemble« in Ostberlin und leitete das Theater nach seinem Tod weiter.

Hubert von Meyerinck, Bühnen- und Filmschauspieler, starb im Alter von 74 Jahren an einer Lungenentzündung. »Hubsi«, wie er genannt wurde, war seit 1966 Mitglied des Hamburger Thalia-Theaters. Er stammte aus einer alten preußischen Offiziersfamilie. Weniger durch seine Memoiren (»Alle meine Freundinnen«) als durch seine Film- und TV-Auftritte als aalglatter Bösewicht oder skurriler Adliger bleibt Meyerinck in der Erinnerung.

Alex Möller, deutscher Finanzminister von Oktober 1969 bis Mai 1971, legte vorzeitig sein Amt nieder. Sein Nachfolger wurde Wirtschaftsminister Schiller. Möller gab als Grund für seinen Rücktritt an, daß er bei seinen Bemühungen um die Stabilisierung des Haushalts den Rückhalt der Ressorts nicht erhalten habe. Der Karlsruher Millionär, der seit Jahrzehnten als SPD-Politiker in Württemberg wirkte, behält sein Bundestagsmandat.

Audrey Murphy, 46, Kriegs- und Filmheld, wurde in Virginia zu Grabe getragen. Er war mit einer gecharterten Privatmaschine abgestürzt. Murphy war der höchstdekorierte US-Soldat. Für seine Tapferkeit im 2. Weltkrieg erhielt er 24 Orden. In rund 40 Filmen spielte der Texaner mit dem »melancholischen Babyface« den Helden (»Billy the Kid«, »Zur Hölle und zurück«).

Georg Lukács, ungarischer Philosoph und Literaturhistoriker, starb im Alter von 86 Jahren. Lukács war während der ungarischen Räterepublik 1919 Volkskommissar für Unterrichtswesen. Aus Berlin floh er vor Hitler, kehrte 1945 in seine Heimat zurück und unterrichtete an der Universität Budapest. Im Budapester Oktoberaufstand von 1956 stand er auf der Seite der Rebellen und wurde seitdem von der KP angegriffen. Im Westen galt Lukács als bedeutendster zeitgenössischer Marxist.

Waldemar Besson, Historiker und Politologe aus Konstanz am Bodensee, starb im Alter von 41 Jahren. Besson hat die Universitäten von Konstanz und Regensburg mitgegründet und jahrelang Kurt Georg Kiesinger beraten. Er war Kommentator im Bayerischen Rundfunk und Mitglied des ZDF-Fernsehrates. Das ZDF hatte ihn als Nachfolger von Professor Holzamer vorgesehen.

JUNI 1971

2. Österreich hat die Volksrepublik China anerkannt. Innerhalb eines halben Jahres sollen Botschafter ausgetauscht werden.

3. Der Heidelberger Chirurg Professor Eberhard Grögler teilt mit, daß sich auf den Straßen der Bundesrepublik täglich 3322 Unfälle ereignen. Pro Stunde müssen 54 Verkehrsteilnehmer verarztet werden.

4. Leningrader Spezialisten haben eine neue Methode zur Reinigung von Industrieabwässern entwickelt. Wie die Zeitschrift »Sowjetunion« meldet, leiten die Wissenschaftler verunreinigtes Wasser in eine geschlossene Kammer, wo die Fremdstoffe im Feuer von Gasdüsen verbrennen. Das dabei verdampfte Wasser wird dann wieder kondensiert.

9. Nicolae Ceausescu, der rumänische Staats- und Parteichef, wird in Peking demonstrativ herzlich empfangen. Mao Tse-tung betont, daß man »zusammenstehen und so Imperialismus und alle Reaktionäre zurückwerfen« müsse. Ministerpräsident Tschou En-lai rühmt Rumäniens »mutige Verteidigung der nationalen Unabhängigkeit« gegen »ausländische Bedrängung«.

11. Drei Jahre nach den blutigen Unruhen in Mexiko, die beinahe die Olympischen Spiele zum Scheitern gebracht hatten, sind in der Hauptstadt des Landes erneut Unruhen ausgebrochen. Sechs demonstrierende Studenten sind getötet, 250 verletzt worden. Nach Augenzeugenberichten sollen Polizisten die Streitigkeiten zwischen 15 000 linksgerichteten Studenten und rechtsorientierten Gruppen provoziert haben. Seit dem Regierungsantritt von Präsident Luis Echeverria Alvarez im Dezember 1970 wird das harte Eingreifen der Polizei immer wieder kritisiert.

12. Nach über 50 Tagen »Dienst nach Vorschrift« verläuft der Flugverkehr in der Bundesrepublik wieder normal. Eine »Kommission zur Beratung der anstehenden Flugverkehrsprobleme« hat mit ihrer Arbeit begonnen.

13. Das 1951 in Kraft getretene Embargo der USA gegenüber China ist gelockert worden: Präsident Nixon hob eine Reihe von Beschränkungen für den Export nichtstrategischer Güter auf. — In Italien werden das Regionalparlament von Sizilien, die Provinzräte von Rom und Foggia und der Gemeinderat von 158 Kommunen gewählt. Politische Beobachter äußern ihre Bestürzung über die Erfolge der Neofaschisten und sehen für die kommenden Monate beträchtliche Schwierigkeiten auf die Regierung Colombo zukommen. — Die »New York Times« veröffentlicht eine Artikelserie über die Hintergründe des Vietnamkriegs, die aus einer geheimen Vietnamstudie des Pentagons stammt. Es kommt zu Auseinandersetzungen zwischen Regierung und Presse.

14. Hans-Peter Rullmann, Korrespondent des Nachrichtenmagazins »Der Spiegel« in Jugoslawien, ist begnadigt worden. Die Eltern Rullmanns hatten sich mit einer Bittschrift an Staatschef Tito gewandt.

15. Bundeskanzler Willy Brandt besucht Washington. Er will mit Präsident Nixon aktuelle Fragen des Ost-West-Verhältnisses und die Probleme der europäischen Einigung erörtern. — 2000 Delegierte des VIII. Parteitags der Sozialistischen Einheitspartei Deutschlands treffen in der Ostberliner Werner-Seelenbinder-Halle zusammen. Erich Honecker, der Walter Ulbricht ablöst und neuer Chef der SED wird, verkündet in seiner Eröffnungsrede in Anwesenheit von Leonid Breschnew, daß zwischen der Bundesrepublik und der DDR nur Beziehungen der friedlichen Koexistenz nach den Regeln des Völkerrechts möglich seien.

21. Die illegale Untergrundorganisation »Irische Republikanische Armee« (IRA) begeht den 50. Jahrestag der Abtrennung Nordirlands von Südirland mit Bomben- und Sprengstoffanschlägen. Bei Unruhen sind seit August 1969 fünfzig Menschen umgekommen.

23. Der Weg für Großbritannien in die EWG ist frei: nach einer langen Nachtsitzung, die mehrfach zu scheitern drohte, einigen sich der EWG-Ministerrat und der britische Chefunterhändler Rippon. Wahrscheinlich wird England 1973 EWG-Mitglied.

24. Der Verteidigungsausschuß des Bundestags billigt (bei Stimmenthaltung der Oppositionsvertreter) das »Phantom«-Beschaffungsprogramm der Luftwaffe mit einem Volumen von rund 4 Milliarden Mark. Die Luftwaffe wird damit 1974 insgesamt 175 Maschinen vom Typ F-4-F »Phantom« erhalten, die die Starfighter und die Fiat G 91 ersetzen sollen.

28. Der sowjetische Auftrag für eine Lkw-Fabrik an der Kama ist der US-Firma Mack Trucks erteilt worden. Der Auftrag ist das Sechsfache des gesamten US-Exports in die Sowjetunion wert (700 Millionen Dollar). Auch Daimler-Benz hatte sich um den Auftrag bemüht. — Für 670 000 Arbeitnehmer will die Gewerkschaft Chemie—Papier—Keramik höhere Löhne durchsetzen. In mehreren Betrieben werden Kurz-, Teil- und Bummelstreiks ausgerufen.

30. Mit einer Katastrophe endet das sowjetische Raumfahrt-Unternehmen Saljut/Sojus 11. Die drei Kosmonauten Dobrowolsky, Wolkow und Pazajew sind während der Rückkehr zur Erde tödlich verunglückt. Beim Abkoppeln des Raumschiffes von der Raumstation war eine Luke nicht vollständig geschlossen worden. Das führte nach dem Eintritt in die Erdatmosphäre zu einer Embolie, die den Tod verursachte.

JULI 1971

5. Das Treffen zwischen Bundeskanzler Brandt und Staatspräsident Pompidou beginnt mit einer Rheinfahrt von Mainz nach Koblenz. Bei den anschließenden Konsultationen in Bonn wird in den meisten Punkten so gut wie völlige Übereinstimmung erzielt. Nicht überwunden werden die währungspolitischen Differenzen. Brandt versicherte jedoch, daß beide Staaten an der Absicht festhalten, eine europäische Wirtschafts- und Währungsunion zu schaffen.

7. Radio Conakry (Guinea) teilt mit, daß acht höhere Offiziere, darunter General Keita Noumandian, auf einer Sitzung des guinesischen »Kriegsrats« zum Tode verurteilt wurden. Die Offiziere werden des »Hochverrats und der Zusammenarbeit mit dem Feind« beschuldigt. Präsident Sekou Touré macht sie und die sogenannte »fünfte Kolonne« für die im November vergangenen Jahres versuchte Invasion Guineas verantwortlich. — Nach 26jähriger Regierungszugehörigkeit ist der schwedische Außenminister Torsten Nilsson, 66, zurückgetreten.

8. Nach einer Umfrage von »Infratest« gilt Bundespräsident Heinemann bei 15- bis 24jährigen als der beliebteste deutsche Politiker.

11. Bundesminister Walter Scheel beendet seine viertägige Israel-Reise. Der Empfang in Jerusalem war kühl und von antideutschen Demonstrationen begleitet. Scheel bekannte sich während der Gespräche zu einem Nahost-Frieden durch freie Verhandlungen und räumte Israels Mißtrauen aus. — Bereits einen Tag nach dem Putsch in Rabat gegen König Hassan II. von Marokko ist die Ruhe wiederhergestellt. Zehn Offiziere und etwa 1400 Angehörige einer Unteroffiziersschule bei Rabat waren in den Sommerpalast des Königs eingedrungen, in dem Hassan zu seinem 42. Geburtstag ein Bankett gab. 70 Menschen fanden den Tod. König Hassan entging dem Gemetzel und gab seinem Innenminister General Oufkir alle Vollmachten. Innerhalb von 24 Stunden gelang es Oufkir, den Aufstand, der vom Chef des königlichen Militärstabes, dem 44jährigen General Medbouh angezettelt worden war, niederzuschlagen. Die Anführer, die Marokko in eine Republik umwandeln wollten, werden festgenommen und nach einem Schnellverfahren hingerichtet. — Die 14. Ostsee-Woche wird in Rostock eröffnet. In Anwesenheit von SED-Chef Honecker fordert der frühere DDR-Außenminister Bolz erneut die Anerkennung der DDR durch Bonn. — Als erste Frau der Welt läuft die Wolfsburgerin Hildegard Falk 800 m unter zwei Minuten: in Stuttgart stellt sie mit 1 : 58,3 einen neuen Weltrekord auf.

14. Die Republik Tschad hat als 30. Staat die DDR diplomatisch anerkannt. Inzwischen haben sich die Zentralafrikanische Republik und Sambia von der DDR distanziert.

17. Die Labour Party befaßt sich auf einem Sonderparteitag mit dem britischen EWG-Beitritt. Parteichef Wilson kann den energischen Vorstoß der Anti-Europäer abwehren: Mit 54,4 zu 45,6 Prozent der Stimmen verwerfen die Delegierten einen Antrag, schon jetzt ein förmliches »Nein« zu beschließen. Dennoch läßt Wilsons Rede keinen Zweifel, daß er seine Partei nach der viertägigen Unterhausdebatte am 28. 10. gegen den Beitritt stimmen lassen will. Wilson hat rund zwei Drittel seiner Partei auf seiner Seite.

19. Die Unruhe im Lager der arabischen Staaten hält an. Im Sudan hat der 36jährige Major und ehemalige Militär-Attaché in Bonn, Haschem el Atta, nach einem Putsch Staatschef Numeiri abgesetzt und eine neue Regierung »aller wahrhaft progressiven und nationalistischen Kräfte« unter dem früheren stellvertretenden Ministerpräsidenten al-Nur gebildet.

21. Bei Rheinweiler in Südbaden entgleist wegen überhöhter Geschwindigkeit der »Schweiz-Expreß« von Basel nach Kopenhagen. Das Unglück fordert 23 Tote und 122 Verletzte. Nach diesem vierten schweren Zugunglück sollen jetzt die Strecken, Fahrpläne und Geschwindigkeitsvorschriften der Bundesbahn darauf geprüft werden, ob notfalls die Geschwindigkeiten herabgesetzt werden müssen.

22. Die »2. Panzerbrigade« im Sudan unternimmt einen Gegenputsch. Präsident Numeiri wird wieder als Staatsoberhaupt bestätigt. Zwei der linken Revolutionäre werden in Libyen im Flugzeug festgenommen und mit den anderen zum Tode verurteilt und hingerichtet.

24. In Bonn wird bekanntgegeben, daß in den ersten vier Monaten der Anti-Promille-Aktion des Verkehrsministeriums die Zahl der durch Alkohol bedingten Unfälle mit Personenschaden um 4,1 % zurückgegangen ist.

26. 3360 Tonnen Kalkschlamm mit 10 % Arsen und 11 % Bleigehalt sind von Fuhrunternehmen statt in ein stillgelegtes Salzbergwerk bei Peine auf verschiedene Müllkippen in Westfalen gebracht worden.

29. Der Vielvölkerstaat Jugoslawien ist zu einem Staatenbund geordnet worden. Die Regierung und das neu geschaffene Staatspräsidium setzt sich aus Vertretern der Teilrepubliken zusammen. Zum Vorsitzenden des Präsidiums wurde der 79jährige Tito gewählt. Mit der Einsetzung dieses kollektiven Führungsorgans hofft man, den Nationalismus der einzelnen Völker zum Abklingen bringen zu können.

Waldemar von Knoeringen, Bibliothekar und Politiker, starb im Alter von 64 Jahren. Knoeringen, der »Rote Baron«, war als Zwanzigjähriger der SPD beigetreten. Die NS-Zeit verbrachte er als Emigrant in Österreich, Frankreich, der ČSSR und England. Von 1947 bis 1963 war er bayerischer SPD-Vorsitzender. Die Partei und die Demokratie wollte er vornehmlich durch Bildungsinitiativen voranbringen. Er war Mitautor des Godesberger Programms.

Franz Josef Fürst von Thurn und Taxis, der Chef eines der ältesten Adelshäuser Europas, starb im Alter von 77 Jahren auf seinem Schloß bei Regensburg. Er war das erste von sieben Kindern des Fürsten Albert und der Erzherzogin Margarete von Österreich.

Axel Springer, 59, Presse-Zar und Protestant, haderte mit der Kirche. Als er 1967 von Hamburg nach West-Berlin umzog, wurde er automatisch Mitglied der Evangelischen Kirche von Berlin-Brandenburg. Dagegen protestierte er, trat der Evangelisch-lutherischen Kirche (Alt-Lutheraner) bei, legte Widerspruch gegen den Kirchensteuerbescheid von 1967 ein und verlangte Vorauszahlungen in Höhe von 4 Millionen Mark zurück. Hintergrund des Glaubensstreites: die in Springers Augen zu progressive Haltung des Berliner Bischofs Scharf. Das Verwaltungsgericht beschied, daß die Kirche Springer 20 Prozent der strittigen Summe zurückzuzahlen habe.

Ludwig Marcuse, Philosoph, Schriftsteller und Literaturprofessor, starb im Alter von 77 Jahren in Bad Wiessee. Durch eine Frisur »wie Einstein« kündigte sich bereits im bürgerlichen Elternhaus der »Anarchismus« Marcuses an. In den späten 20er Jahren war er Dozent und Feuilletonist des »Frankfurter Generalanzeigers«, 1933 floh er nach Kalifornien, wo er bis 1962 an der Universität Los Angeles Philosophie und deutsche Literatur lehrte.

Reinhold Maier, altliberaler schwäbischer Politiker, starb im Alter von 81 Jahren in Stuttgart. Er war im Laufe seiner politischen Karriere Ministerpräsident von Baden-Württemberg, Mitglied des Landtages in Stuttgart und Bundestagsabgeordneter. Vier Jahre (bis 1960) war Maier Bundesvorsitzender der FDP. Er galt als einer der eifrigsten Vorkämpfer des »Südwest-Staates«.

Martin Niemöller, ehemaliger Vizepräsident der »Internationale der Kriegsdienstgegner« und früherer Präses der Evangelischen Kirche von Hessen-Nassau, hat in Wiesbaden im Alter von 79 Jahren zum zweiten Mal geheiratet. Seine Frau, Sibylle Donaldson, hatte er in den 30er Jahren in Berlin kennengelernt, als er ihr Konfirmandenunterricht erteilte. Pastor Niemöller gründete 1933 den Pfarrernotbund; nach 1945 war er wesentlich an der Neuordnung der Evangelischen Kirche beteiligt.

AUGUST 1971

1. Nach einer Studie des US-Senats hat der Vietnamkrieg bisher 119,7 Milliarden Dollar gekostet. 44 610 Amerikaner, 135 970 südvietnamesische Soldaten und etwa 500 000 Zivilisten wurden getötet. Die Verluste des Vietkong werden auf 1 Million Tote geschätzt.

2. Auf einer Pressekonferenz in Washington erklärt der amerikanische Außenminister Rogers, daß die USA auf der Herbstsitzung der UN für die Aufnahme Rot-Chinas in die Vereinten Nationen stimmen werden. Einem Ausschluß National-Chinas wollen sich die Amerikaner widersetzen. Der rotchinesische Ministerpräsident Tschou Enlai legte gleichzeitig vor amerikanischen Studenten dar, daß ein unabhängiges Taiwan nicht existiere und es nur ein einziges China gebe. — Sudan-Staatschef Numeiri ruft seine Botschafter aus Moskau und Sofia ab und weist den sowjetischen und den bulgarischen Geschäftsträger in Khartum aus. Nach Numeiris Ansicht war die sudanesische KP verantwortlich für den Putsch gegen ihn.

3. Keichi Masuhara, Generaldirektor des Amtes für Verteidigung in Japan, und Yasuhiro Ueda, der Luftwaffenstabschef, sind zurückgetreten. Damit zogen sie die Konsequenzen aus dem bisher schwersten Unglück der japanischen Luftfahrt. 162 Passagiere waren umgekommen, als ein Düsenjäger mit einer Linienmaschine kollidierte.

4. In Bochum gibt es einen neuen Gift-Skandal. Kurz nach der Arsenaffäre barg man jetzt im Stadtteil Gerthe auf einer Müllkippe 150 Fässer Natriumcyanid.

9. Der sowjetische Außenminister Gromyko und sein indischer Kollege Swaran Singh unterzeichnen in Neu-Delhi einen Freundschafts- und Beistandspakt über 20 Jahre. — Bilanz der bisher schwersten Unruhen in Nordirland nach zwei Tagen: 18 Tote, 200 Verletzte, mehr als 100 abgebrannte Häuser, fünf zerstörte Fabriken.

10. Als ein »Ereignis von großer internationaler Bedeutung« lobt die »Prawda« die überraschend einberufene Konferenz, zu der alle Parteiführer der Ostblockstaaten bis auf Ceausescu erschienen sind. Moskau hatte sich mit Blick auf Peking der bruchlosen Gefolgschaft seiner Ostblockpartner versichern wollen. Rumäniens Parteichef begründete seine Ablehnung der Einladung damit, daß Rumänien »jede Demonstration der Stärke, jede militärische Drohung oder irgendwelchen Druck auf andere Staaten ablehne«.

11. Die USA und die Sowjetunion legen auf der Genfer Abrüstungskonferenz einen achtseitigen, im Wortlaut identischen Vertragsentwurf über ein »Verbot der Verwendung, Entwicklung, Herstellung und Lagerung biologischer Waffen« vor. Die vorhandenen B-Waffen sollen vernichtet werden — allerdings ist eine Kontrolle nicht vorgesehen. Der Entwurf soll im Herbst der UN-Vollversammlung vorgelegt werden.

12. Die englischen Gewerkschaften kündigen Maßnahmen des passiven Widerstands an. Grund für diese Aktion: Königin Elizabeth hatte das »Gesetz über die Arbeitsbeziehungen in der Industrie«, das vom Unterhaus gegen den erbitterten Widerstand der Labour Party verabschiedet worden war, unterzeichnet.

13. Nach 151 Jahren Zugehörigkeit zum britischen Commonwealth erklärt das Ölscheichtum Bahrain seine Unabhängigkeit.

15. In einer Fernsehansprache verkündet Präsident Nixon die Maßnahmen der Regierung zum Schutz der amerikanischen Wirtschaft: Die Verpflichtung der USA, jederzeit Dollar gegen Gold einzutauschen, wird aufgehoben; ein Preis- und Lohnstopp für 90 Tage wird verfügt; auf begrenzte Zeit werden 10 % Einfuhrsteuer erhoben. Besonders Japan (30 % Export in die USA) und die Bundesrepublik werden davon betroffen.

18. Als erstes Oberhaupt eines schwarzafrikanischen Staates besucht Hastings Kamuzu Banda, der Präsident von Malawi, die Südafrikanische Republik. Gegen den Protest der »Organisation Afrikanischer Staaten« hatte Banda Wirtschaftshilfe von Pretoria angenommen.

20. Den 186. Putsch innerhalb der 146 Jahre seiner Unabhängigkeit erlebt Bolivien. Der linksnationale Präsident Juan José Torres muß nach zehn Monaten Amtszeit abtreten. Sein Nachfolger wird der 44jährige Hugo Banzer, ein Anhänger des nationalistisch-konservativen Generals Miranda. — Als »schwarzen Freitag für Europa« bezeichnen verschiedene Presseorgane und Sachverständige den Ausgang des Brüsseler Treffens der sechs EWG-Minister. Den Wirtschaftspolitikern war es nicht gelungen, eine gemeinsame Haltung in der Dollar-Krise zu finden.

23. Die Botschafter der vier Mächte haben ein Rahmenabkommen über Berlin fertiggestellt. Die beteiligten Regierungen haben diesen Entwurf zur abschließenden Beratung zu prüfen.

24. Die Voigtländer-Werke, älteste feinmechanisch-optische Fabrik der Welt, sollen nach einem Beschluß ihrer Muttergesellschaft Zeiss-Ikon AG stillgelegt werden. 1700 Mitarbeiter verlieren etappenweise ihren Arbeitsplatz.

29. Bei den südvietnamesischen Parlamentswahlen erreichen die Anhänger von Staatspräsident Nguyen van Thieu eine solide Mehrheit.

31. In Schweden schwimmt Hans Faßnacht einen »Fabelweltrekord« im Schmetterlingsstil: 200 Meter in 2 : 03,3 Minuten.

SEPTEMBER 1971

1. Nach Ermittlungen der Bundesanstalt für Arbeit leben zur Zeit 2,4 Millionen Ausländer in der Bundesrepublik. Im vergangenen Jahr haben die Gastarbeiter rund 4,5 Milliarden Mark in ihre Heimatländer überwiesen.

3. Die Botschafter der USA, Großbritanniens, Frankreichs und der Sowjetunion unterzeichnen ein Vier-Mächte-Rahmenabkommen über Berlin.

6. 106 Tupamaros flüchten durch einen unterirdischen Tunnel aus dem schwerbewachten Militärgefängnis der uruguayischen Hauptstadt Montevideo.

7. Das erste Sanatorium ausschließlich für die Behandlung Jugendlicher hat die Bundesversicherungsanstalt für Angestellte mit einem Kostenaufwand von 16 Millionen Mark in Oberfranken gebaut. Anlaß ist die ständig steigende Zahl chronischer Erkrankungen bei jungen Menschen.

8. Der Präsident des Sekretariats für die Einheit der Christen im Vatikan verkündet, daß die katholische Kirche den von Papst Leo X. 1521 über Martin Luther verhängten Bann nicht aufheben wolle. 50 Wormser Katholiken hatten den Vatikan darum gebeten.

9. Durch Meinungsverschiedenheiten über den deutschen Text der Vier-Mächte-Vereinbarungen geraten die innerdeutschen Verhandlungen zwischen Staatssekretär Egon Bahr vom Bundeskanzleramt und DDR-Staatssekretär Michael Kohl ins Stokken. — Die deutsche Fußball-Nationalmannschaft gewinnt vor 70 000 Zuschauern in Hannover das Länderspiel gegen Mexiko mit 5 : 0. Die Tore schossen Köppel, Müller (3) und Netzer. — Großbritanniens Botschafter in Uruguay, Geoffrey Seymour Jackson, wird nach acht Monaten von seinen Entführern freigelassen. Offenbar war die Massenflucht von Tupamaros aus dem Gefängnis Punta Carretas am 6. 9. der Grund dafür: die Stadtguerillas hatten mitgeteilt, für das weitere Festhalten von Jackson bestehe kein Anlaß mehr.

10. Nach dreitägigen Beratungen hat das Bundeskabinett den Haushalt für 1972 in Höhe von 106,57 Milliarden Mark verabschiedet. Er weist gegenüber 1971 eine Zuwachsrate von 7 % auf. Das Kabinett beschließt, ab 1972 die Steuern für Mineralöl, Branntwein und Tabak zu erhöhen. Der Wehrdienst soll von 18 auf 15 Monate verkürzt werden. — Nach einer Mitteilung der Bundesregierung haben die DDR-Behörden in den letzten beiden Jahren mehr als 175 Millionen Mark an Visa- und Straßenbenutzungsgebühren im Verkehr nach West-Berlin erhoben. — Der Weltkirchenrat in Genf stellt Organisationen, die gegen die Rassentrennung kämpfen, rund 700 000 Mark zur Verfügung. — Berti Vogts (24), 41facher Nationalspieler von Borussia Mönchengladbach, wird von den Sportjournalisten vor Beckenbauer und Netzer zum Fußballer des Jahres gewählt. — Die italienische Regierung beruft 3000 Reservisten der Carabinieri ein, die zum Schutz von Kunstwerken eingesetzt werden sollen.

11. In einem Vorabdruck seiner Memoiren behauptet der ehemalige Chef des Bundesnachrichtendienstes General Gehlen, der Stellvertreter Hitlers und Chef der Reichskanzlei Martin Bormann sei Sowjetagent gewesen.

14. Bestseller-Autor Erich von Däniken (»Erinnerungen an die Zukunft«) wird wegen guter Führung vorzeitig aus der Haft entlassen. Der 36jährige Schweizer Autor war wegen Betruges, Urkundenfälschung und Veruntreuung zu dreieinhalb Jahren Zuchthaus verurteilt worden. — Das Bundesgericht des Deutschen Fußball-Bundes bestätigt als zweite Instanz die lebenslange Sperre von Torwart Manglitz. Die Strafen gegen Patzke und Wild werden auf zwei Jahre reduziert.

16. Die Auswertung von Meßdaten der von den USA auf dem Mond stationierten Geräte hat ergeben, daß es dort Dampf-Geysire gibt. Damit gilt — entgegen den bisherigen Annahmen — als sicher, daß auf dem Mond Wasser vorhanden ist.

23. Gegen eine Zahlung von jährlich 70 Millionen Mark darf die NATO die Mittelmeerinsel Malta weiter als Stützpunkt benutzen.

24. Bundeskanzler Brandt wird in München von einem 22jährigen Politologie-Studenten mit den Worten »Das ist für die Ostpolitik!« ins Gesicht geschlagen. Brandt verzichtet auf eine Klage. — Der Aufsichtsrat der Volkswagenwerk AG bestimmt Rudolf Leiding zum neuen Vorstandsvorsitzenden. Er löst Prof. Kurt Lotz ab, der aus dem Vorstand ausscheidet.

25. Auf dem Trafalgar Square in London demonstrieren 300 000 Menschen gegen Pornographie.

26. Bei einer Verkehrskontrolle auf einem Parkplatz an der Autobahn Karlsruhe-Basel werden zwei Polizeibeamte niedergeschossen. Der Täter und seine Begleiterin sollen Mitglieder der Baader-Meinhof-Gruppe sein.

28. In Athen wird die Witwe des Penicillin-Entdeckers Sir Alexander Fleming wegen Mitwirkung an einem Plan zur Befreiung des Papadopoulos-Attentäters Panagoulis zu 16 Monaten Gefängnis verurteilt.

30. Der Präsident der Deutschen Krebsgesellschaft, Prof. Schmidt, teilt mit, daß jeder fünfte Deutsche an Krebs stirbt. Unter den einzelnen Krebserkrankungen liegt Lungenkrebs an erster Stelle. — Papst Paul VI. eröffnet die Dritte Bischofssynode. Thema ist die Stellung des Priesters in der Welt.

Asta Nielsen, Star des deutschen Stummfilms, feierte ihren 90. Geburtstag. Im vergangenen Jahr hatte die Schauspielerin Schlagzeilen gemacht, als sie in dritter Ehe den 20 Jahre jüngeren dänischen Komponisten Anders Christian Teede heiratete. 1911 drehte Asta Nielsen ihren ersten Film, »Abgründe«. Die meisten melodramatischen Filme, in denen Asta Nielsen spielte, gerieten in Vergessenheit.

Professor Paul Niehans, Philosoph, Theologe und Mediziner, starb im Alter von 88 Jahren in Montreux. Nach seinem Staatsexamen in Bern hatte sich Niehans auf Chirurgie, Urologie und Endokrinologie spezialisiert. 1931 entdeckte er das Verfahren, Kranke durch Einspritzen von Organzellen frischgeschlachteter Tiere zu heilen. Obgleich diese Methode in Ärztekreisen umstritten blieb, gehörten Papst Pius XII., Konrad Adenauer und Somerset Maugham zu seinen Patienten.

Heinrich Böll, 53, Kölner Romancier, wurde in Dublin zum Präsidenten des Internationalen PEN-Clubs gewählt. Das PEN-Zentrum in Holland hatte den renommierten Erzähler vorgeschlagen. Im westlichen wie im östlichen Ausland gilt Böll neben Günther Grass als der Repräsentant deutscher Literatur nach 1945. In der 50jährigen Geschichte des PEN-Clubs ist es das erste Mal, daß ein deutscher Autor zum Präsidenten gewählt wurde.

OKTOBER 1971

Joseph Offenbach starb mit 66 Jahren an einem Herzinfarkt. Offenbach – er wählte seine Geburtsstadt als Pseudonym, sein bürgerlicher Name war Ziegler – hatte zunächst das Sattlerhandwerk erlernt. Frankfurter Schauspieler entdeckten ihn in einer Laienspielgruppe. Seine Karriere als Charakterdarsteller und Komiker begann 1927. Seine populärste Rolle: der »unverbesserliche« Vater Scholz, Fernseh-Ehemann von Inge Meysel.

Will Rasner, parlamentarischer Geschäftsführer der CDU/CSU-Bundestagsfraktion, starb in Bonn im Alter von 51 Jahren. Nach dem 2. Weltkrieg begann Rasner in Flensburg als Journalist zu arbeiten und wurde später stellvertretender Chefredakteur des »Flensburger Tageblattes«. 1953 zog er für den Wahlkreis Flensburg in den Deutschen Bundestag ein. In der Plenarsitzung des Bundestages wurde der Verstorbene wegen seiner »Geradlinigkeit und Kollegialität« gewürdigt.

Marion Gräfin Dönhoff, die Chefredakteurin der Hamburger »Zeit«, erhielt in der historischen Frankfurter Paulskirche den »Friedenspreis des Deutschen Buchhandels«. Der Preis wurde bisher 22mal verliehen, unter anderen an Karl Jaspers und Ernst Bloch. Die 61jährige Publizistin wurde »als Fürsprecherin der Menschlichkeit und für ihren beharrlichen journalistischen Einsatz gegenüber dem politischen Nachbarn« ausgezeichnet.

1. Anläßlich einer Aufklärungskampagne zur Bekämpfung der Rauschgift-Kriminalität weist Innenminister Genscher darauf hin, daß die Zahl der Rauschgiftdelikte im vergangenen Jahr um 238 % gestiegen ist.

3. Auf dem 10. Gewerkschaftstag der IG Metall wird deren Vorsitzender Otto Brenner (63) wiedergewählt.

4. Auf ihrem Jahreskongreß in Brighton spricht sich die Labour Party mit einem Stimmenverhältnis von 5 : 1 gegen einen Beitritt Großbritanniens zur EWG aus.

10. Bei den Bürgerschaftswahlen in Bremen erringt die SPD überraschend die absolute Mehrheit. Sie erhält 55,3 % der Stimmen (1967: 46 %), die CDU 31,6 % (29,5 %), die FDP 7,1 % (10,5 %). Die NPD erreicht nur noch 3,1 % (8,8 %). Die DKP kommt mit 2,8 % nicht über die 5%-Hürde.

13. Die griechische Regierung veröffentlicht den Text des Pressegesetzes, das am 1. 11. 1971 in Kraft tritt. Verstöße gegen die Berufsregeln oder die »allgemeine Moral« werden mit Geldbußen bis zu 3350 DM, in schweren Fällen mit Berufsverbot bestraft. – Der Zentralbankrat senkt noch einmal den Diskontsatz, von 5 auf 4,5 %.

15. Der Bundestag verabschiedet einstimmig ein Gesetz, das schärfere Strafen für Drogenhändler vorsieht. Die Höchststrafe wird von drei auf zehn Jahre heraufgesetzt; die Mindeststrafe beträgt ein Jahr Freiheitsentzug. – Für seine »empirisch begründete Interpretation des Wirtschaftswachstums, die zu neuen vertieften Einsichten in die wirtschaftliche und soziale Struktur und den Prozeß der Entwicklung geführt hat«, erhält der 70jährige Harvard-Professor russischer Abstammung Simon Kuznets den Nobelpreis für Wirtschaft. Der mit 450 000 Kronen dotierte Preis wurde 1968 von der Bank von Schweden gestiftet.

17. In Rom spricht Papst Paul VI. vor mehreren tausend polnischen Pilgern und fast dem gesamten polnischen Episkopat den Franziskaner-Pater Maksymilian Maria Kolbe selig. Kolbe hatte sich 1941 im KZ Auschwitz für einen zum Tode verurteilten Familienvater geopfert.

18. Spanische Polizei schießt auf streikende Arbeiter der Automobilfabrik Seat, die sich im Fabrikgelände verschanzt haben. Ein Arbeiter wird schwer verletzt. Zu den Zwischenfällen war es gekommen, als 20 entlassene Arbeiter – Initiatoren eines früheren Streiks – die Arbeit wiederaufnehmen wollten, die Unternehmensleitung ihnen dies jedoch verbot. Daraufhin traten 6000 Arbeiter in den Ausstand.

19. Solschenizyn fordert die öffentliche Übergabe des Nobelpreises für Literatur von 1970 in Moskau. Aus diplomatischen Gründen hatte Schwedens Regierung es bislang vermieden, dem Dichter, der nicht nach Stockholm hatte reisen dürfen, den Preis in der Moskauer schwedischen Botschaft offiziell zu überreichen. – In München wird die erste Teilstrecke der U-Bahn für den Verkehr freigegeben.

20. In Mönchengladbach besiegt der deutsche Meister Borussia auf eigenem Platz Inter Mailand in einem Europapokalspiel 7 : 1. Das Spiel wird überschattet durch die Verletzung des italienischen Nationalspielers Boninsegna. Er war in der 28. Minute durch eine Büchse verletzt worden, die ein Fanatiker geworfen hatte. Italienische Zeitungen fordern, daß das 7 : 1 annuliert und Inter zum Sieger erklärt wird.

23. Das Sportgericht des DFB entzieht im vierten Verfahren des Bestechungsskandals den Spielern Jürgen Neumann (Arminia Bielefeld), Tasso Wild und Bernd Patzke (beide Hertha BSC, Berlin) die Lizenz auf Dauer. Sie sollen das Bundesligaspiel zwischen Hertha und Arminia vom 5. Juni 1971 manipuliert haben.

24. Der Präsident des NOK, Willi Daume, lädt die Volksrepublik China zur Teilnahme an der Olympiade nach München ein.

25. Beim letzten Formel-I-Rennen des Jahres in Brands Hatch (England) verunglückt der Schweizer Rennfahrer Jo Siffert tödlich. – Zu einem einwöchigen Besuch Frankreichs trifft der Generalsekretär der KPdSU Leonid Breschnew in Paris ein. 58 osteuropäische Emigranten werden vorübergehend nach Korsika deportiert, wo sie auf Staatskosten in Hotels untergebracht sind.

26. Wissenschaftsminister Leussink erklärt in Bonn, es werde immer schwieriger, aus den Gewässern Trinkwasser zu gewinnen. Am Vortag hatte der Schweizer Tiefseeforscher Piccard in Genf erklärt, in 25 bis 30 Jahren sei das Meer tot, wenn nicht bald Maßnahmen gegen die Umweltverschmutzung ergriffen würden.

27. Königin Juliane und Prinz Bernhard der Niederlande treffen auf dem Flughafen Köln-Bonn zu einem viertägigen Staatsbesuch in der Bundesrepublik ein. Sie erwidern Heinemanns Besuch von 1969.

28. Das Britische Parlament beschließt nach sechstägiger erbitterter Debatte mit 356 gegen 244 Stimmen den Beitritt zur EWG.

29. Die UEFA beschließt: das Spiel Borussia Mönchengladbach gegen Inter Mailand muß auf neutralem Platz wiederholt werden.

Fotos: AFP, Agip, Hans-Jörg Anders, anp, ap, James Baes, Bild am Sonntag, Werner Bokelberg, Bundespresseamt, CAF, Camera Press, ČTK, Daily Mirror, dpa, Wolfgang-Peter Geller, Gert Girschkowski, Gute Fahrt, Dieter Heggemann, Thomas Höpker, Hsinhua, Rüdiger Humpert, Fred Ihrt, Keystone, Hans-Günter Kiesel, Urs Kluyver, Volker Krämer, Perry Kretz, Hans Krutsch, London Express, Klaus Mehner, Klaus Meyer, Karl-Heinz Mietz, Marilius Mindas, Jochen Mönch, NASA, NDR, Nowosti, Erik Petersen, Photo News Service, Erik Portefée, Pressens Bild, Robok, Michael Ruetz, Max Scheler, Marion Schweitzer, Sven Simon, Stark-Otto, stern, Syndication International, Horst Tappe, Tass, Transworld Feature, Abisag Tüllmann, upi, Gabriele du Vinage, Vuray, Julian Wasser, Heiner Wederhake, Werek, Jürgen Wiechmann, Jürgen Wohlfahrt, Andreas Wucke, Ystad, Chen Yung-chu, Axel Zajaczek, ZDF. – Klischeeherstellung: Cleeves, Harburg.